KB233073

정신지체인 직업유지의 영향요인

정신지체인 직업유지의 영향요인

이 채 식 저

역사적으로 정신지체인의 고용은 제도적인 환경에서 잔여적인 활동을 하거나 가족이 보살펴야 하는 존재로 인식되어 왔고, 이로 인하여 노동시장에서는 다른 장애유형에 비해 낮은 고용률을 보여 온 것이 사실이다. 이와 함께 정신지체인의 경우에는 직업을 갖는 것도 어렵지만 장애특성상 직업 이후에 고용안정이라는 직업유지도 상당히 어렵다. 이는 사업주의 인식과 편견, 제도적·물리적 환경, 직업재활서비스 체계, 경기변동 등 다양한 요인과도 연관이 있겠지만 무엇보다도 장애특성상 장애인 개인 간의 직업능력의 차이가 직업유지에 더 많은 영향을 주는 것으로 예측할 수 있다. 이러한 맥락에서 본서의 연구를 진행하게 되었다.

따라서 본서의 연구는 정신지체인 개인의 일반적 특성, 개념적 기술, 사회적 기술, 직업적 기술, 사회적 지지라는 측면의 요인들이 직업유지에 어떠한 영향을 미치는지 실증적으로 규명해보고자 하였다. 개인적 측면의 직업능력 간의 차이가 존재하고 이것이 직업유지에 영향을 준다면 장애인 직업재활서비스 기관에서는 정신지체인의 직업재활프로그램과 직업유지서비스 체계를 수정 또는 조정하여야 할 것이고 이에 따른 실천서비스 개입도 달라져야 할 것이다.

지금까지 정신지체인의 고용영역에서 직업유지와 관련된 대부분의 연구들은 직업유지에 영향을 미치는 요인을 밝히는 것보다는 직업성공, 고용성과, 취업실태, 고용안정 등 직업유지의 이전 단계인 취업에 영향을 미치는 요인에 관한 연구들이 대부분이었다. 그러나 장애인 고용의 본질은 단순히 취업이 아닌 개인의 적성과 능력을 고려하여 적합한 직종에 배치되어 계속적인 직업유지를 통한 고용안정에 있다. 따라서 이제는 단순히 '고용됨'이라는 취업상태가 중요한 것이 아니라 취업 후 직장에 적응하고 장기 근속하는 '고용안정'이라는 질적 측면의 문제로 장애인 고용의 패러다임 전환이 요구되고 있는 것이다.

따라서 본서는 정신지체인의 직업유지에 영향을 주는 여러 요인에서 개인적 측면의 요인들을 밝혀낸 연구로서 장애인 직업재활서비스 기관의 실무종사자, 대학의 사회복지나 직업재활 전공의 학생 그리고 정신지체인의 고용에 관심 있는 모든 분들에게 있어서 정신지체인의 취업전략과 직업유지를 위한 실천서비스를 수립하는데 실제적인 도움을 줄 것으로 기대한다.

본 연구는 저자의 오랜 기간 동안의 장애인 직업재활의 실무경험에서 비롯된 실증적인 연구이기는 하나, 정신지체인의 개인적 요인만을 제한적으로 다루었기 때문에 정신지체인의 직업유지의 영향요인을 총체적으로 규명하는 데에는 한계를 가지고 있다. 향후 정신지체인의 고용활성화를 위하여 본 연구에서 미진했던 부분들에 대해서는 후속연구를 계속해서 진행해 나갈 것이며, 이에 대해서는 선후배, 동료 여러분들의 많은 충고와 조언을 부탁드린다.

끝으로 미진한 연구결과물에도 불구하고 출판을 허락해준 한국학술정보(주) 관계자 여러분들께 감사의 마음을 전한다.

2006년 7월

이 채 식

목 차

표목차

그림목차

제1장 서 론

제1장 서 론

제1절 문제제기

장애인 복지의 궁극적인 목표는 장애인의 사회통합과 자립생활의 성취에 있으며, 이를 위해서는 무엇보다도 그들이 자신의 능력과 적성에 맞는 직업을 갖는 것이 중요하다(강위영, 2001). 장애인에게 있어서 직업은 빈곤상태에서 벗어날 수 있는 유일한 탈출구이며, 대인관계를 비롯한 일상생활에서 자신감회복 등 심리 사회적으로 매우 중요한 의미를 지닌다. 그러나 이들은 사회적 편견, 제한된 직업영역, 환경적 장벽, 역할모델의 결여 등으로 인해 직업을 획득하고 유지하는 데 많은 어려움에 직면한다(이달엽, 2003).

우리나라의 장애인의 고용문제가 매우 심각함은 한국보건사회연구원에서 5년마다 실시되는 다음의 실업률 실태조사에서 명백히 보여주고 있다. 즉, 동 조사에 의하면 전체 경제활동연령 장애인들의 연도별 실업률은 1990년 32.6%, 1995년 27.4%, 2000년 28.4%로 나타났다(한국보건사회연구원 1991; 1996; 2001). 이와 같은 장애인 실업률은 비장애인의 동기간 실업률인 1990년 2.4%, 1995년 2.1%, 2000년 4.1%[1]에 비해 매우 높게

---

1) 이에 대한 근거는 통계청 인터넷(www.kosis.nso.go.kr) 통계정보시스템, 고용·노동·임금에서 참조하였다.

나타나고 있어 장애인의 고용문제가 매우 심각함을 보여준다.

특히 제 장애영역 중에서도 가장 취업이 곤란한 영역이 정신지체이다. 실제로 15세 이상 65세 미만의 정신지체인 중 직업을 가지고 있지 못한 정신지체인의 비중은 74.9%에 이른다(이선우, 2001). 이와 같이 한 나라의 장애인 직업재활의 성공지표는 정신지체인의 직업재활이 얼마만큼 성공적이었냐로 판단될 수 있다고 해도 과언이 아니다.

정부에서는 장애인들의 높은 실업률을 완화시키고 고용을 촉진시키기 위하여 『장애인 고용촉진 등에 관한 법률』을 제정하여 1991년부터 상시근로자 300인 이상 사업체에 대해 근로자의 2% 이상을 장애인으로 고용하도록 하였다. 그리고 『장애인 고용촉진 등에 관한 법률』에 의거하여 한국 장애인 고용촉진공단을 설립하고 장애인의 직업생활을 통한 자립을 지원하기 위하여 고용촉진 및 직업재활서비스를 실시하고 있다. 아울러 2000년 10월부터는 장애인의 직업재활서비스를 확대시키기 위해 상기법률을 『장애인 고용촉진 및 직업재활법』으로 전면 개정하여 보건복지부 산하에 있는 장애인복지관 등에서도 직업재활서비스를 실시하게 되었다. 또한 정부에서는 의무고용사업체의 대상 범위를 상시근로자 50인 이상으로 하는 내용의 『장애인 고용촉진 및 직업재활법』 개정안이 국회에 상정되어 이 법률이 2004년 1월 29일 통과됨으로써 2005년부터는 의무고용사업체의 장애인 고용이 더욱 확대될 전망이다.[2]

이와 같이 장애인 고용에 대한 정책과 제도가 만들어지고 직업재활서비스들이 확충되면서 미약하게나마 장애인 고용이 증가되고 있는 것이 사실이다. 예를 들어 한국 장애인고용촉진공단 2003년도 장애인 고용동향에 의하면 연도별 의무고용사업체의 장애인 고용률은 1992년 0.39%, 1995년 0.43%, 2000년 0.91%, 2003년 1.08%로 조금씩 증가하고 있다. 또한, 한국 장애인고용촉진공단에서 직업재활서비스를 받고 취업한 장애인의 연도

---

2) 노동부 인터넷 메일링 '장애인 의무고용사업체 대상 범위확대', 2004년 2월 3일자를 참조하였다.

별 취업자 수를 보면 1991년 183명, 1995년 2,889명, 2003년 7,812명으로 증가추세를 나타내고 있다(한국 장애인고용촉진공단, 2004).

그러나 의무고용사업체의 장애인 고용률은 2004년 현재 법정 장애인 의무고용률 2.0%에 미치지 못하고 있고, 한국 장애인고용촉진공단의 2004년 2/4분기 구직희망 전체 장애인 6,642명에 비해 취업자 비율은 1,488명(22.4%)으로서 매우 낮은 실정이다(한국 장애인고용촉진공단, 2004).

상기와 같은 고용현황에서도 알 수 있듯이 우리나라 장애인의 고용은 매우 어렵다. 이러한 장애인 고용의 어려움은 장애인의무고용제도를 시행하고 있는 일본, 프랑스, 독일도 마찬가지 상황으로 일본의 경우 2003년 1.48%, 프랑스 2000년 4.0%, 독일이 1998년 3.8%로 낮게 나타나고 있다(한국 장애인고용촉진공단 내부자료, 2004).

이와 같이 우리나라뿐만 아니라 선진외국에 있어서도 장애인 고용은 매우 어려운 것이 현실이며, 특히 정신지체인의 고용은 제 장애영역에서도 더욱 어렵다. 2000년도 장애인실태조사(한국보건사회연구원, 2001)에 의하면 취업을 희망한 15세 이상 장애인 인구의 전체 취업률이 71.6%인 것에 비해 정신지체인의 취업률은 58.3%로 낮게 나타났다. 장애인의 직업유지 기간에서도 이직경험 횟수에 상관없이 총 직업유지 기간을 총계로 산출한 결과를 보면 취업 장애인 전체 평균 181.3개월에 비해 정신지체인의 경우에는 111.6개월로 낮게 나타났다. 이는 일본의 경우에도 마찬가지로 후생노동성(2003)이 발표한 정신지체인의 취업실태조사에 따르면 전국 15세 이상 64세 이하의 노동연령에서 정신지체인의 취업자는 49.2%에 불과했다.

장애인의 고용률이 낮은 이유에 대해 관련전문가들이 제시한 요인들을 종합하면, ①직업평가, 생애계획, 직업서비스 모형 부족, ②성인서비스 기관들 간의 협동적·조정적 프로그램의 미비, ③필요한 직업관련 기술의 부족, ④직업교육·훈련 직종에 영향을 미치는 피교육자들의 부정적인 태도(Hasazi, Gordon, & Rhe, 1985; 김삼섭, 1997: 재인용) 등으로 요약된다.

이렇듯 나라를 불문하고 장애인 고용이 현실적으로 매우 어렵기 때문에 지금까지의 장애인 고용에 대한 정책, 제도, 직업재활서비스의 방향은 장애인 고용을 오로지 가시적인 결과만을 강조한 양적으로만 확대시키는 데에 초점이 맞추어져 왔다.

그러나 장애인 고용의 본질은 단순히 취업이 아닌 개인의 적성과 능력을 고려하여 적합한 직종에 배치되어 계속적인 직업유지를 통한 고용안정에 있다. 즉, 이제는 단순히 '고용됨'이라는 취업상태가 아니라 취업 후 직장에 적응하고 장기 근속하는 '고용안정'이라는 질적 측면의 문제로 장애인 고용의 패러다임 전환이 요구되고 있는 것이다. 그 일례로, 미국의 장애인 직업재활 공적 프로그램에서도 장애인이 직업재활서비스를 받고 취업이 되었을 때 직업유지 기간이 최종적으로 60일이 넘어야만 성공적인 직업재활로 규정하고 있다(이상춘, 1992).

이와 같이 장애인 고용의 질은 장기적인 고용안정에 있음에도 불구하고 한국장애인고용촉진공단의 국정감사보고서에 따르면, 2002년 12월을 기준으로 당해연도에 취업한 장애인 근로자의 42.6%가 퇴사한 것으로 나타났고, 2000년 1월에서 2002년 8월까지 총취업자 20,463명 중에서 1년 이상의 근속장애인은 6,507명으로 42.6%에 불과했다. 퇴사자의 직업유지 기간을 보면 3개월 이내 퇴사자가 31.1%, 3개월~6개월 이내 퇴사자가 13.7%로서 퇴사자의 약 45%가 취업 후 6개월 이내에 퇴사한 것으로 나타났다. 퇴사자의 직종을 보면 단순노무, 기술기능, 농림어업 직종에서의 퇴사율이 높게 나타났고, 사업체규모에서는 50인 미만 사업체가 퇴사자의 절반을 차지하였다. 퇴사자의 이직사유로서는 퇴사사유가 불분명하다는 '기타'가 30.51%, 능력의 한계 17.67%, 전직 11.46% 순으로 나타났다. 이와 같은 장애인 근로자의 퇴사율은 같은 해 비장애근로자의 퇴사율 4.27%[3])에 비해 약 10배나 높은 수치이다.[4])

---

3) 2002년도 비장애근로자 퇴사율 4.27%에 대한 근거는 본 연구자가 2002년도 노동통계조사에서 비장애근로자의 이직률 2.38%와 퇴직 및 해고율 1.89%를 합한 결과를 퇴사율로 규정하여 산정하였다. 이는, 한국 장애인고용촉진공단에서 규정한 퇴사자 가운데에는 자발적인 이직자와 퇴직 및 해고자가 포함되어 있기 때문이다.
4) 이에 대한 산출근거는 노동부 인터넷(www.laborstar.molab.go.kr), 노동통계

다른 장애유형에 비해 정신지체인의 경우는 더욱 심각하다. 일례로, 한국장애인고용촉진공단에서 취업한 정신지체인의 취업직종이 대부분 50인 미만의 영세사업체의 단순노무직(장애인 고용동향, 2003)인 것을 감안하면 정신지체인의 단기간 내의 퇴사율이 다른 장애유형에 비해 높음을 쉽게 추측할 수 있다.

일본의 경우에도 정신지체인의 직업유지 기간은 매우 짧게 나타나고 있다. 松林弘助(1980)의 정신지체인 취업실태 조사에서 나타난 근속연수를 보면 1～2년 미만이 가장 많고(17.1%), 다음으로 2～3년 미만(16.5%), 1년 미만(12.2%), 3～4년 미만(12.2%)으로서 4년 미만이 58%를 차지하고 있다.

요컨대 장애인의 경우 비장애인에 비해 취업의 기회도 상대적으로 적지만 취업 이후에도 새로운 작업환경과 부적응으로 인하여 직장생활에 어려움을 겪고 있는 것이다. 특히, 정신지체인은 직업유지와 관련하여 작업지시에 대한 이해부족, 작업태도 산만, 작업도구 사용의 어려움, 작업동료와의 대인관계 미숙함(武田幸治・手塚直樹, 1995) 등의 작업과 관련된 문제들이 있고, 이 밖에 일상생활과 이동과 관련하여 신변처리 능력부족, 출퇴근 문제, 직장예절 준수 미약함(武居光, 1997) 등으로 인하여 취업뿐만 아니라 취업 이후의 직업유지에도 상당히 어렵다는 것을 알 수 있다. 실제로 일반사업체에 고용된 정신지체인의 상당수가 고용 후 6개월 이내에 이직되는 것(Botuck et al., 1992; 박윤영, 1997)으로 보고되고 있으며, Hanley-Maxwell(1986)의 연구에서도 고용된 정신지체인 중 67%가 고용 후 첫 6개월 동안 이직하였다고 보고하였다. 이에 대해 Wehman(1992)는 정신지체인의 이직에 기여하는 특정 요소들로서 정신지체인 근로자의 낮은 생산력, 사회성 기술부족, 신체적・정신적으로 양호하지 못한 건강상태, 낮은 책임감 등을 제시하였다.

정보시스템, 매월노동통계조사를 참조하였다.

또한, 이 외에도 정신지체인이 취업을 하고 직업을 유지하는 데는 행동특성과 기능적 장애로 인해 여러 가지 어려움을 겪게 되는 것으로 나타났다. 엄승연(1996)의 연구에 의하면 정신지체인의 행동특성 중에서 '작업태도', '건강상의 문제'가 사업주에게 불만족을 주는 요인으로 나타났고, 직업유지에 필요한 작업적응 기간은 5.24개월로 나타나 정신지체인이 직업유지를 위해서는 취업 이전에 충분한 취업준비 훈련과 취업 이후에 직업재활 전문가 배치, 가족의 지원 등 환경적인 지원이 필요하다고 밝히고 있다.

지금까지 살펴본 바와 같이 다른 장애유형에 비해 정신지체인은 취업과 취업 이후의 직업유지가 상당히 어렵다는 것을 알 수 있다. 그럼에도 불구하고 정신지체인의 취업에 대한 욕구는 매년 증가하고 있다. 장애인 고용동향분석 자료에 따르면, 전체 구직자 중 정신지체인이 차지하는 비율이 1991년 1.0%, 1995년 11.4%, 2000년 16.3%, 2004년 1/4분기 15.3%로 나타났다. 또한, 장애인 실태조사(한국보건사회연구원, 2001)에서도 재가 정신지체인의 38.1%가 취업을 희망하고 있는 것으로 보고되었다.

그러나 앞에서도 언급한 바와 같이 취업을 희망하는 장애인에 비해 실질적으로 취업으로 연결되는 비율은 낮기 때문에 지금까지의 장애인 직업재활 서비스는 단순한 양적인 고용확대에 치우쳐왔다. 특히, 정신지체인의 경우 직업을 유지하는 데 있어서 취업 이후의 직업유지를 위한 고용관리서비스가 상당히 중요하나 취업 후 고용관리서비스가 체계적으로 이루어지고 있지 않는 것으로 나타났다(백은영, 1994).

따라서 정신지체인이 직업을 유지하는 데 가장 긍정적인 영향을 줄 수 있는 요인들을 파악하여 이를 중점적으로 제공함으로써 중도탈락을 감소시킬 수 있으며, 중도탈락을 경험하였다 하더라도 다시 직업을 찾고 유지하여 계속적인 고용안정을 가능하게 하는 직업재활서비스가 필요하다. 이러한 직업재활서비스를 제공하기 위해서는 정신지체인이 직업을 유지하는 데 가장 많은 영향을 미치는 요인을 파악해야 함이 불가결하나, 기존의 연구들은 직업을 탐색하고 직업을 구하는 양적인 고용에 관한 연구들이 대부분이며 질적인 고용이라 할 수 있는 직업유지에 대한 조사나 관련연구는 미미한 실정이다. 더구나 정신지체인에 대한 연구조사는 조사대상자의 지적 기능의 제한성, 의사소통의 어려움, 대인관계 미숙함 등으로 설문이 어려워 결과에 대한 객관성을 확보하는 데 한계가 있다는 이유로 연구가 전무한 실정이다.

따라서 정신지체인 재활의 궁극적인 목표를 직업재활을 통한 사회적 역할의 획득과 독립된 형태의 직업생활 유지로 볼 때, 이러한 목표를 달성하는 데 필요한 서비스를 제공할 수 있는 다양한 직업재활프로그램이나 환경적인 지원체계가 확대되어야 할 것이며, 직업재활의 성과로써 직업을 유지하는 요인에 대한 분석 또한 시급히 이루어져야 할 것이다.

제2절 연구목적과 연구문제

본 연구의 목적은 정신지체인의 직업유지 요인(일반적 특성, 개념적 기술, 사회적 기술, 직업적 기술, 사회적 지지)이 정신지체인의 직업유지 기간과 이직경험 횟수, 이직경험 유무에 어떠한 영향을 미치는지 밝히는 데 있다. 지금까지 정신지체인의 직업유지와 관련된 대부분의 연구들은 직업유지에 영향을 미치는 요인을 밝히는 것보다는 직업성공, 고용성과, 취업실태, 고용안정 등 직업유지의 이전 단계인 취업에 영향을 미치는 요인에 관하여 연구해 왔다. 선행연구에서 취업에 영향을 미치는 요인은 인구학적 특성과 사업체환경특성, 사회적 특성, 직업적 특성 등 단일변인으로 범주화한 조사연구가 많았다. 그렇기 때문에 직업유지에 영향을 미치는 요인을 규명하지 못하였고, 아울러 취업에 영향을 미치는 요인 또한 총체적으로 규명하지는 못하였다.

따라서 본 연구에서는 직업유지에 영향을 미치는 요인을 정신지체인의 직업적 제 능력을 종합적으로 고려하여 규명하고자 한다. 이를 위해 미국정신지체학회에서 제시한 정신지체인의 정의를 바탕으로 개념적, 사회적, 직업적으로 구분하여 측정하고자 한다. 또한, 여기에다 일반적 특성과 전문가의 지지를 고려하였고, 일반적 특성은 인구학적 특성과 사업체환경특성으로 세분화하였다. 그럼으로써 정신지체인의 직업유지에 미치는 영향과 요인에 대해 정신지체인의 직업적 제 능력을 총체적으로 고려하여 규명함으로써 이론적·실천적·정책적 함의를 제공하고자 한다.

또한, 본 연구는 조사연구와 병행하여 원 자료를 활용한 종단적 기법을 구사하여 직업유지 기간과 이직경험 횟수, 이직경험 유무에 미치는 영향과 그 요인을 엄밀히 분석함으로써 조사결과의 내적 타당도를 높이고자 하며, 아울러 정신지체인의 직업적 제 능력요인을 총체적으로 고려함으로써 외적 타당도를 높이려는 것이다. 이를 바탕으로 정신지체인의 직업유지에 영향을 미치는 요인을 강화시키기 위한 사회복지적 측면의 개입방안을 제시하고자 한다.

이를 위한 본 연구의 연구문제는 다음과 같다.

첫째, 정신지체인의 직업유지 요인은 직업유지 기간에 어떤 영향을 미치는가?
둘째, 정신지체인의 직업유지 요인은 이직경험 횟수에 어떤 영향을 미치는가?
셋째, 정신지체인의 직업유지 요인은 이직경험 유무에 어떤 영향을 미치는가?

제2장 이론적 배경

제2장 이론적 배경

제1절 정신지체와 직업재활

1. 정신지체의 정의

본 연구의 주된 대상인 정신지체인에 대한 정의를 정확히 파악하는 것은 그들에게 실천적·제도적으로 적합한 개입이 이루어질 수 있게 하는 전제조건이 될 것이다. 정신지체에 대한 정의는 각 시대, 국가, 학자별로 약간씩 다르게 정의되어 왔으나, 오늘날 가장 널리 받아들여지고 있는 것으로 미국정신지체학회(American Association on Mental Retardation)의 정의를 들 수 있다.

2002년도 미국정신지체학회의 정신지체의 정의에 의하면 정신지체는 지적 기능과 개념적, 사회적, 실제적 적응기술로서 표현되는 적응행동 모두에서 유의미한 제한성을 가진 장애로 특징 지워지고, 장애의 시기(始期)를 18세 이전으로 규정하고 있다(박승희·신현기(역), 2003). 이는 최근까지 미국정신지체학회가 제시하여 왔던 정신지체의 정의들과 마찬가지로 지적 기능의 유의미한 제한성, 적응행동의 유의미한 제한성, 발달기 동안 나타난다는 3가지 요소가 광범위하게 포함되어 있다. 여기에서 말하는 '지적 기능'

이란 일반적인 정신적 능력(mental capability)으로서 추리, 계획, 문제해결, 추상적 사고, 복잡한 개념의 이해, 신속한 학습, 경험을 통한 학습 등의 능력을 말한다. 또한 '적응행동'이란 일상생활에서 기능하기 위해 사람들이 학습해 온 개념적(인지, 의사소통 및 학업기술 등), 사회적(대인관계, 신변처리, 금전관리, 책임감, 자존감, 규칙준수 등 사회적 능력기술), 실제적(작업기술, 직무능력, 직업적응, 안전한 환경유지 기술 등) 기술의 집합체를 말한다(박승희·신현기(역), 2003).

한편 우리나라의 장애인복지법 제2조에서는 정신지체를 장기간에 걸쳐 일상생활 및 사회생활에 상당한 제약을 받는 자로 정의하고 있고, 장애판정 지침에서는 표준화된 지능검사와 사회성숙도 검사에 따라 지능지수(IQ) 70 이하를 법적 장애로 명시하고 있다(보건복지부, 2003). 세계보건기구에서는 "정신지체란 일반적 지적 능력의 발달이 불충분하거나 불완전한 것"이라고 정의했고, Masland(1985)는 "정신지체인이란 그의 문화적인 환경이 요구하는 수준에 적응을 하지 못하는 자"라고 하였으며, Tregsold(1973)는 "감독, 조정, 외부의 지원 없이는 독립적으로 삶을 영위할 수 없을 정도로 불완전한 정신의 지체 상태를 가진 자"로 정의하였다(장숙, 1997).

이와 같은 여러 정의를 요약해보면 정신지체는 지적 발달이 불완전하거나 지체되어 사회적응 행동이나 일상생활을 수행하는 데 있어 어려움이 있는 상태라고 할 수 있다.

이에 대해 미국정신지체학회에서는 정신지체의 개념을 〔그림 2-1〕과 같이 제시하여 설명하고 있다. 다음의 〔그림 2-1〕에서 나타나듯이, 동 협회는 정신지체의 조건과 개인의 기능성의 이해에 있어 주요한 요소들인 사람, 환경 및 지원에 대한 생태학적 시각을 견지하고 있고, 개인의 기능성에 영향을 주는 다차원적 영향들은 개인에게 유용한 자원을 통해 조정된다는 것을 강조하고 있음을 알 수 있다. 즉, 정신지체의 조건과 개인의 기능성은 상호적으로 영향을 미칠 수 있다는 것을 나타낸다.

[그림 2-1] 정신지체의 개념

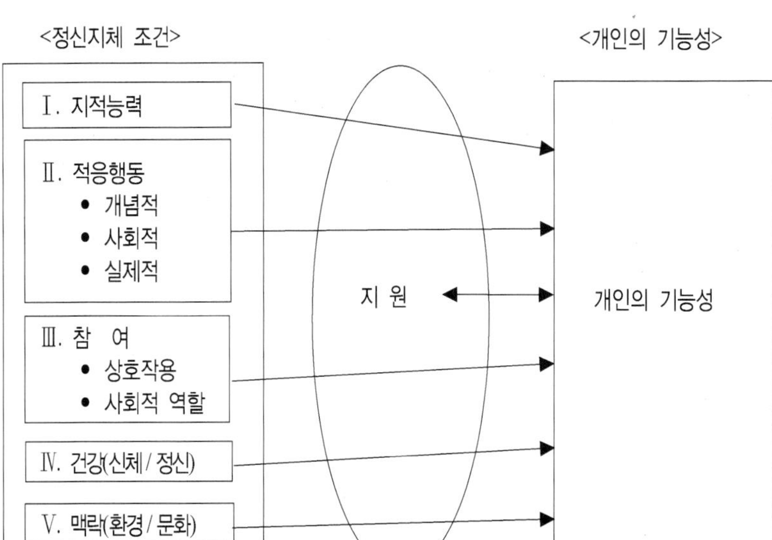

자료: 박승희·신현기(역). 2003. 『정신지체 개념화 -AAMR 2002년 정신지체 정의, 분류, 지원체계-』: 26

또한, 미국정신지체학회에서 제시한 개념모델은 개인의 기능성과 장애에 대한 한 과정의 모델을 보여주기도 한다. 예를 들면, 지능의 심각한 제한성(신체기능 구성요소)은 적응행동 기술(활동 구성요소)의 심각한 제한성의 원인이 될 수 있고, 적응행동 기술의 제한성으로 지역사회 내에서 참여 제약을 경험하게 된다. 이러한 것들은 적응행동 기술이나 지능의 제한성에 관련되기보다는 적합한 지역사회 자원의 결여, 지원의 결여, 지역사회의 사람들이 비수용적 태도 혹은 물리적 환경의 결여와 같은 환경적 상황들에 더욱 관련될 수 있다는 것을 말한다.

이와 같은 미국 정신지체학회의 정신지체에 대한 개념적 모델은 〔그림 2-2〕와 같이, WHO가 장애의 개념에 대해 2001년에 개정하여 제시한 '장애 및 건강의 국제분류(ICF: International Classification of Functioning,

Disability, and Health)'에서 정의한 장애개념과도 맥을 같이한다. 즉, ICF에서는 손상은 신체구조나 생리적·정신적 기능의 상실 혹은 비정상을 말하고, 활동은 개인수준에서 기능의 종류와 범위를 말하며, 참여는 손상, 활동, 건강상태, 맥락적 요소와 관련한 삶의 영역에서 개인의 참여의 종류와 범위를 말한다(손광훈, 2004). 이는 결국 장애와 기능은 건강상태와 맥락적 요소 사이에서 상호작용하는 결과라는 것을 보여주고 있다.

[그림 2-2] WHO의 장애개념

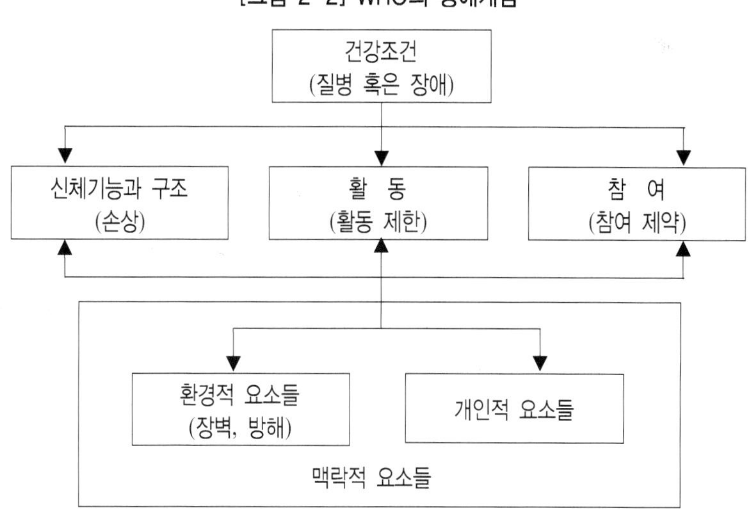

자료: 박승희·신현기(역). 2003. 『정신지체 개념화-AAMR 2002
년 정신지체 정의·분류·지원체계-』: 128에서 재구성

따라서 WHO가 제시한 장애개념은 미국정신지체학회의 정신지체의 개념과 마찬가지로 정신지체의 개념을 정신지체인이 전적으로 개인이 가지고 있는 특성에 의하여 판단하는 관점에서 개인의 기능적인 제약과 환경 간의 상호작용의 결과로 보는 것이다. 이것은 정신지체를 보는 패러다임의 변화를 나타내며, 정신지체를 보는 관점이 결함모델(deficiency model)의 관점에서 지원모델(support based model)의 관점으로 변화하고 있음을 의미한다

(최종길, 1999). 즉, 정신지체는 기능적인 제약을 함축하고 있는 한 개인의 상태가 아니라 이용 가능한 환경적인 지원의 정도에 따라 개인의 상태나 조건이 변화될 수 있다는 것이다.

이와 같이 볼 때 정신지체인이 능력의 제한을 가지고 있다 할지라도 환경이 적절하고 필요한 지원이 제공된다면 정신지체인의 기능성은 충분히 향상될 수 있다 하겠다. 즉, 정신지체인의 직업유지를 위해서는 직업을 갖기 이전에 직업 전 준비훈련 프로그램이나 직업재활서비스의 체계적인 제공, 작업환경 개선, 사회적 지지 등의 적절한 개입이 이루어진다면 직업적응력을 향상시켜 결과적으로 직업유지에 도움이 될 것이다.

2. 정신지체인의 직업적 특성

정신지체에 관한 다양한 개념정의에서 알 수 있듯이 정신지체인의 경우 인지적 기능의 결함, 적응행동 기술의 제한성, 사회적 능력의 결여 등으로 직업생활과 관련하여 다양한 특성들이 나타난다.

우선, 직업과 관련된 사회적 기술 측면의 특성을 보면 첫째, 작업감독자와의 문제로 비판과 오류에 대해 지적한 내용을 수용하기 어렵거나 지원에 대해 요청을 하거나 지시를 따르는 것 등이 곤란하며 둘째, 직장동료와의 관계에서 협력적 작업행동이나 조롱과 야유의 수용, 인간관계를 형성하거나 유지하기 또는 협조에 대한 인식이 부족하고, 지나친 비굴함이나 어린아이 같은 행동과 상황에 부적절한 행동 등을 보이며, 셋째, 산만하고 혼란스러운 행동을 보임으로써 작업장의 다른 사람에게 방해를 주고 작업수행에 좋지 않은 영향을 미치는 점(Brickey et al, 1985; 허경아, 1999: 재인용) 등을 들고 있다.

다음으로는 사회부적응적인 행동특성과 관련하여 정신지체인들은 의존적이며 동기유발이 힘들며, 자기향상, 책임감, 사회적 기술 등의 부족으로 인해 부적절한 행동을 나타내어 주위 사람들과 또래 집단들로부터 거부당하기 쉽다. 추상적, 논리적, 상징적 사고가 빈약하여 학습발달이 늦고, 비장애인들과 충분한 대화를 할 정도로 언어기능과 기술이 발전하기 어렵다는 사회적응상의 장애요인을 지니고 있다(김영석, 2000; 박소현, 2002: 재인용).

이와 같은 행동특성과 관련하여 이청자(1998)는 정신지체인의 직업현장에서 적응능력에 문제가 되는 것은 지적 기능의 저하 때문이 아니라 사회적응 능력의 결함 때문인 경우가 많다고 밝히고, 직업적 적응을 어렵게 하는 요인으로 주의산만, 자해행위, 공격적 행동, 부적절한 대인관계 등을 지적했다. 또한, 정신지체 고등부 졸업생의 전환과정 결과를 추적 조사한 연구(곽준기, 1995; 조성열, 2000: 재인용)에 따르면, 정신지체인의 이직률은 다른 장애인보다 높으며, 이직원인으로는 자신의 능력에 비하여 일이 너무 어려워 이직한 경우가 많았고, 다음이 동료나 상사와의 인간관계의 문제, 그리고 작업환경이 좋지 않은 경우, 장애가 너무 심하여 직무를 감당할 수 없는 경우 등으로 나타났다.

마지막으로 직업적 기술 측면의 특성으로는 정신지체인들이 기술을 습득할 때에는 습득할 수 있는 기술의 수가 제한되어 있고, 복잡한 기술을 습득하기가 곤란하며, 기술습득을 위한 반복적인 훈련의 확보가 필요하고, 습득된 기술을 망각하는 비율이 높으며, 습득된 기술을 일반화하는 기술이 부족하고, 상황에 적합하게 순발력을 발휘하기가 어려운 점을 들 수 있다(Brimer, 1990; Brown et al., 1983; Meyer, Peck & Brown, 1991; Stokes et al, 1977; 양숙미, 2000: 재인용).

이와 같은 결과를 바탕으로 정신지체인은 비장애인에 비해 사회적 자립과 작업기술을 습득하고 직업을 유지해나가는 데 다음과 같은 특성을 보이는 것으로 나타났다(박희찬·김은영·김선옥·유병주, 1994).

첫째, 정신지체인이 습득할 수 있는 기술의 수는 제한되어 있다. 정신지체인이 배울 수 있는 기술의 수가 제한되어 있다는 사실은, 정신지체인에게 생활환경에서 꼭 필요한 기술만을 가르쳐야 할 필요가 있음을 시사한다.

둘째, 정신지체인은 기술습득을 위한 시간의 양과 연습횟수에서 비장애인과 차이를 보인다. 일반적으로 장애정도가 심할수록 어떤 기술을 의미 있는 기준에 도달하도록 가르치기 위해서는 비장애인보다 더 많은 횟수로 기술훈련을 시도해야 한다.

셋째, 정신지체인은 비장애인에 비해서 일정한 시간이 지남에 따라 습득한 기술에 대한 망각의 비율이 높고 망각된 기술을 원래의 수준으로 회복하는 데 걸리는 시간도 길다. 망각을 줄이기 위한 한 가지 방안으로 정신지체인에게 직업훈련 프로그램을 마친 후 사회에서 가장 필수적으로 요구되고 있는 기술을 가르치고 필요에 따라서는 반복교습하며 이 기술의 중요한 단계들이 제대로 수행되고 있는지 정기적으로 점검할 필요가 있다.

넷째, 정신지체인은 비장애인에 비하여 학습의 전이 및 일반화의 정도가 떨어진다. 즉, 재활프로그램에서 배운 기술을 다른 환경에 적용하여 사용하는 데 어려움이 있다.

다섯째, 정신지체인은 배운 지식을 종합하여 사용하는 것이 힘든 경우가 많다. 즉, 종합력이 부족하므로 실제환경에서 종합된 활동을 직접 가르치는 것이 필요하다.

이상에서 언급된 정신지체인의 직업과 관련된 특성은, 첫째, 낮은 직업동기나 직업의식, 둘째, 작업기술과 사회기술의 부족으로 인한 직업유지의 곤란, 셋째, 일상생활 기술과 이동기술의 부족에 의한 작업관련 학습상의 제한으로 요약할 수 있다.

3. 정신지체인의 직업재활과 직업재활서비스 과정

현대사회에서 개개인의 삶의 행복을 추구하기 위한 주요한 수단이 되는 직업은 생계수단, 사회적 기여, 자아실현이라는 세 가지 측면의 의의를 가지고 있다. 즉, 직업을 통해 생계가 유지되고 이러한 경제적 활동을 통해서

얻는 소득은 삶을 윤택하게 만든다(이성규, 2002). 직업이 없다고 해서 사회생활이 아예 불가능해지는 것은 아니나, 직업은 사회활동의 가장 중요한 수단이기에 직업이 없이는 극히 제한적인 활동밖에는 불가능한 것이 현실이다. 그러나 장애인은 신체적·정신적 손상으로 인하여 실제로 안정된 고용을 확보하고 유지할 가능성이 감소했기 때문에 직업을 갖는 데 어려움을 겪게 된다. 그러므로 이들 장애인들의 안정된 고용을 확보하고 유지하기 위한 서비스가 필요하게 되는데 이것이 바로 직업재활이다(강위영·나운환, 2001).

국제노동기구(ILO) 제99호 조약에서는 직업재활의 정의를 "계속적인 직업유지를 보장하기 위하여 직업상담, 직업훈련, 직업배치 등의 직업유지서비스를 포함하는 지속적이고 총체적인 재활의 과정"이라고 했다. 이 조약의 특징은 직업재활에 대해 장애인들의 사회통합의 수단으로서 위치를 부여하며, 적절한 고용과 계속적인 직업유지를 향상시키는 것(松爲信雄·菊池惠美子, 2001)이라고 설명하고 있다. 이는 직업재활이 단순히 취업만을 목적으로 하는 것이 아니라 취업 이후의 직업적응을 통한 지속적인 직업유지가 최종목표임을 의미하고 있다. 우리나라의 「장애인 고용촉진 및 직업재활법」에서도 직업지도, 직업적응 훈련, 지원고용, 취업알선, 취업 후 적응지도 등이 직업재활서비스 영역으로 명시되어 있다(황령희, 2002).

따라서 직업재활은 지속적인 직업유지에 목표를 두고 재활대상자의 욕구를 효과적으로 충족시키기 위한 일련의 계획적인 과정(安井秀作, 1989)이라고 정의할 수 있으며, 이를 직업재활 과정도로 나타내면 〔그림 2-3〕과 같다.

직업재활 과정은 〔그림 2-3〕에서와 같이 여러 단계로 구성되어 있으나 전체가 하나의 구조로 짜여져 있기 때문에 각 단계들은 명확히 구분되지 않는다. 왜냐하면 개인의 특성이나 조건에 따라 재활과정은 달라질 수 있고, 한 개인에게 여러 가지 서비스가 동시에 중복적으로 제공될 수도 있기 때문이다. 또한, 재활과정은 학자에 따라 다양하게 분류되고 있는데, 이는 그 과정을 고찰하는 목적이나 방법들이 각기 다르기 때문이다.

직업재활서비스 과정은 일반적으로 1)등록, 2)직업평가, 3)필요한 서비스

제공, 4)직업배치, 5)취업 후 적응지도의 5단계로 구분된다. 본 연구에서는
직업재활을 상기과정에 기초하여 간략하게 설명하고자 한다(박석돈, 1993).

1) 등 록

이 과정은 내담자와 재활상담사가 첫 대면을 가지는 초기면접 과정에서
시작된다. 즉 등록이란, 내담자가 서비스를 신청할 경우, 내담자의 욕구를
파악하여 해당기관에서 내담자의 욕구에 부합하는 서비스를 줄 수 있는지를
검토한 다음, 내담자의 서비스 등록여부를 결정하는 일련의 과정을 말한다.
따라서 이 과정에서의 주요 업무활동들은 내담자의 방문동기 파악, 기관의
역할·기능 소개, 등록여부 결정으로 구성된다.

2) 직업평가

직업평가 과정은 재활대상자의 직업기능과 욕구파악, 재활과정을 통해 성
취될 수 있는 목표설정, 재활목표를 성취하기 위해 요구되는 개입이나 서비
스를 결정하기 위한 모든 활동들을 포함한다. 따라서 직업평가의 목표는 직
업재활 계획을 수립하는 것이며, 이 과정의 핵심적인 활동은 직업목표 설정
과 목표달성을 위한 서비스과정을 설정하는 것이다. 이를 위해 직업평가 과
정은 개인의 잠재적인 직업성과와 관련되어 있는 것으로써 삶의 전체적인
면을 평가한다. 결과적으로 재활과정에서의 직업평가는 재활대상자의 재활
성과를 예측해내고 재활을 위해 필요한 활동들을 추천하는 과정이다. 따라
서 직업평가는 모든 성공적인 재활활동의 중요한 일부로서 다양한 재활서비
스를 계획하고 상호 연결시켜주는 기능을 가진다.

3) 필요한 서비스 제공

이 과정은 이전 직업평가 과정에서 내담자의 직업목표를 달성하기 위해
결정한 서비스들을 순차적으로 이행하는 과정이다. 여기에 포함되는 재활서
비스로는 신체영역(물리치료, 작업치료, 언어치료), 심리영역(심리치료, 인

성적응 훈련, 개별상담, 가족치료), 직업영역(직업적응 훈련, 직업훈련, 직업 전 훈련, 현직훈련, 직업탐색, 보호작업 활동, 지원고용), 사회영역(사회적응 훈련, 이동훈련, 레크리에이션 활동) 등을 들 수 있다.

4) 직업배치

직업재활 과정에 있어 직업배치의 주요 활동은 취업알선이다. 취업알선은 장애인에게 최상의 직업을 내담자가 획득하도록 원조하는 과정으로서, 장애인들이 적합한 직종을 찾도록 조언해 주거나 알선해 주는 일련의 인력배치 활동을 말한다. 이 과정에서는 장애인이 적합한 직종을 발견하여 훈련을 받고 그 직업에 취업할 수 있도록 돕는 구직기술 훈련과 취업면접 훈련이 수행되어진다.

5) 취업 후 적응지도

취업 후 적응지도는 장애인이 고용된 후 취업이 적절했는지를 파악하는 것으로 장애인이 능력에 맞게 알선되었는지, 고용주는 만족하고 있는지를 알아보기 위한 일련의 직업유지서비스라고 할 수 있다. 취업 후 적응지도 과정에서 재활전문가는 고용주에게는 일을 수행하는 장애인의 능력에 대하여 확신을 갖도록 해주고, 장애인에게는 고용주의 신임을 얻고 있음을 확인해주는 업무활동을 한다. 취업 후 적응지도의 시작과 빈도는 장애인의 능력과 직업적응의 정도에 따라 다르다. 대체로 사후지도의 횟수는 취업 장애인이 직장에 적응해감에 따라 줄어든다.

[그림 2-3] 직업재활 과정도

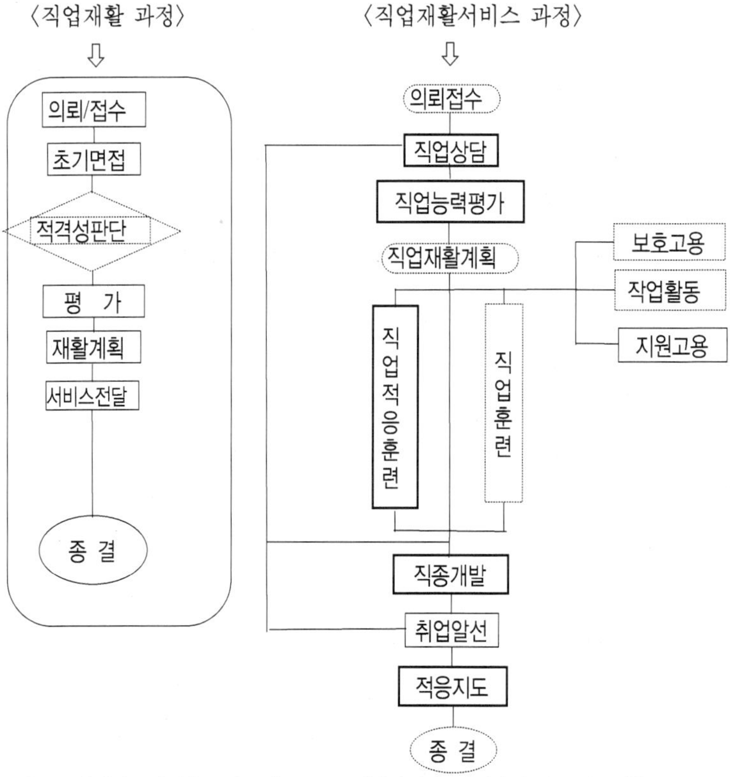

〈직업재활 과정〉　　　　　〈직업재활서비스 과정〉

자료: 박희찬·이상훈·최국환. 2001. "직업재활 사업운영 총괄안내서": 26

제2절 직업유지

1. 직업유지(job retention)의 정의

직업재활의 최종적 목표라 할 수 있는 직업유지는 직업재활 성과의 한

부분으로서 장애인이 취업을 하고 실제적으로 직장생활을 유지해 나가는 것을 말한다(이금진, 2000). 또한 직업재활 과정에서 볼 때 직업유지는 직업재활의 마지막 단계이며, 장애인이 직장생활에 적응할 수 있도록 원조하는 것으로 직장 내에서의 불편한 관계를 확인하고 그것을 개선하도록 조정함으로써 개인의 갈등적 요소를 제거하고 나아가 만족스러운 직장생활을 경험하고 자립하는 것을 목적으로 행해지는 서비스이다(최소연, 1987).

직업재활의 최종적 목적이 직업의 획득에 그치지 않음은 국내외 연구자들에 의해 널리 인식되고 있다. Kats-Garris(1983)는 직업재활의 성과를 측정하는데 단순한 지역사회로의 취업달성으로는 더 이상 적절하지 않다고 강조하였다. 다시 말해, 지역사회와의 통합, 직업유지, 직무만족 등이 취업성과의 범주에 포함되어야 한다고 제안함으로써 직업재활 성과의 측정범위에 직업유지를 포함한 지역사회의 관여까지 확대하였다.

이렇듯 미국의 장애인 직업재활 공적 프로그램에서는 안정적인 직업생활을 영위하기 위해서는 반드시 직업재활 과정이 필요하고, 재활과정은 재활대상자의 요구에 따라 몇 개월에서 몇 년이 걸리며, 장애인이 직업재활서비스를 받고 취업이 되었을 때 직업유지 기간이 최종적으로 60일이 넘어야만 성공적인 직업재활로 규정된다(이상춘, 1992). 이는 앞에서 살펴본 한국장애인고용촉진공단 국정감사 보고자료(2003)에서도 알 수 있듯이 취업 장애인의 한 직장에서의 취업유지 기간이 비장애근로자의 직업유지 기간에 비해 매우 짧기 때문에 직업재활의 궁극적인 목표는 직업유지를 최대한 높이는 것이다.

실제로 『장애인 고용촉진 및 직업재활법』시행령 제19조에서는 취업 후 안정적인 직업유지를 위해 적응지도 실시를 강조하고 있고, 일본의 『장해자 고용촉진 등에 관한 법률』제8조 2항에서도 취업한 장애인이 고용되어 있는 사업주에 대해 작업장환경 개선 등의 지도를 행하고 취업 장애인에 대해서도 지속적인 직업지도를 행하도록 명시하고 있다(日本障害者雇用促進協會, 2001).

이상과 같이 직업유지는 단순히 직업획득만을 의미하는 것이 아니라 지역사회 내에서 일정기간 이상의 직업을 유지하면서 지역사회에 통합되는 과정을 말하며, 나아가 직업재활의 최종적인 성과로 규정되고 있다.

2. 직업유지의 의의

직업생활을 유지하는 것은 개인적으로나 사회적으로 여러 가지 중요한 의의를 가지는데 大泉搏(1989)는 이에 대해 인간이 경제적으로 안정된 삶을 영위해 나가는 데 중요한 수단이 되고, 인간이 자아를 실현하는 데 중요한 역할을 하며, 나아가 원만한 사회생활과 사회적 봉사의 중요한 수단이 된다고 언급하고 있다.

직업유지에 대한 의미는 장애인에 있어서도 기본적으로는 동일하다고 볼 수 있다. 특히, 정신지체인의 경우에는 자기 스스로 직업을 찾아 자아를 실현하고 사회생활을 통한 사회적 봉사의 수단으로 삼는다는 것이 어려운 만큼 직업 이외에서 이와 같은 직업적 의의를 확보한다는 것은 쉽지 않다.

關雄之(1997)는 정신지체인이 직업생활을 영위하는 데 따른 직업유지의 의의를 다음과 같이 설명하고 있다.

첫째, 직업생활을 통하여 수입을 얻게 되고, 이를 활용하여 생계를 꾸릴 수 있다는 경제생활 측면에서의 의의이다.

둘째, 직업생활을 통하여 자신감을 얻을 수 있다. 일에 대한 긍지와 보람 그리고 인간성의 확대와 성장을 도모할 수 있다는 정신적 측면에서 의의이다.

셋째, 직업생활을 통하여 생활의 변화나 생활의 리듬 등 건강한 생활을 만들어 나갈 수 있다는 생활적인 측면에서의 의의를 찾을 수 있다.

넷째, 직업생활을 영위함으로 인하여 가족으로부터 승인을 얻게 되고 위치를 부여받는 등 가족과의 관계 속에서의 의의를 들 수 있다.

다섯째, 직업생활을 통하여 동료를 만들 수 있고, 주변사람들과의 폭넓은

교제 등 원만한 인간관계 형성이라는 측면에서 의의를 찾을 수 있다.

여섯째, 직업생활을 통하여 사회 속에서의 승인이나 위치부여의 명확함 등 사회와의 관계 속에서 의의이다.

그러나 정신지체인 등 직업적 중증장애인의 경우에는 직업유지를 하는 것만이 인간의 행복을 가름하는 것은 아니며 직업생활로부터 해방되고 싶다는 목소리도 높다. 또한, 재활의 기조인 주체성, 자립성, 자유라고 하는 인간 본래의 삶의 방식에 대한 목표를 반드시 직업생활 유지나 경제적 자립을 통해서만 해결되는 것이 아니라는 이념도 중요하다고 볼 수 있다(定藤丈弘, 1993).

하지만 직업생활을 하는 대부분의 사람들이 그러하듯이 일하는 것이 정상적인 것이라는 기본적인 이념은 정신지체인에게도 마찬가지일 것이다. 정신지체인의 직업유지는 취업자체로도 의미가 있지만 나아가 한 개인이 지닌 최소한의 능력을 더 개발할 수 있는 기회가 제공된다는 데 더욱 의의가 있다. 즉, 취업된 정신지체인은 사회생활을 함으로써 지니고 있는 기능을 더 발전시켜 나갈 수 있으며, 이는 아무 일도 할 수 없는 보호대상에서 독립적인 경제활동이 가능한 대상으로의 전환을 의미하기도 한다. 이러한 정신지체인의 독립적인 경제참여는 국가 경제발전에도 기여할 수 있다. 정신지체인의 경제활동 자체도 경제발전에 기여를 하기도 하지만 정신지체인이 사회활동을 함으로 인해 이들을 돌보기 위해 경제활동을 하지 못하던 가족 등 주위의 인력들이 경제활동에 참여할 수 있게 되기 때문이다. 또한 보호대상으로서 무조건적인 시혜를 받던 정신지체인이 경제활동에 참여함으로써 발생한 소득에 대해 납세가 이루어져 국가재정에 기여하는 한편 사회구성원으로서의 역할수행도 가능하게 된다.

따라서 정신지체인의 직업유지를 위해서는 정신지체인에게 적합하고 능력에 맞는 직무가 개발되고 취업단계에서부터 취업 이후의 직업유지까지의 일관되고 체계적인 직업재활서비스가 제공되어져야 할 것이다.

제3절 직업유지 요인

정신지체인의 직업유지에 미치는 요인들을 크게 분류한다면 장애인 개인적 측면, 직업재활프로그램 측면, 사업주 측면, 작업환경적 측면, 사회경제적 측면, 법·제도적 측면으로 나누어 볼 수 있다(Peterson & Jones, 1984; 關雄之, 1997). 그러나 정신지체인의 경우에는 지적 능력과 적응행동의 제한성이라는 장애특성을 갖고 있기 때문에 직업유지를 위해서는 다른 요인보다는 개인적 측면에 있어서의 사회복지적 실천 개입이 무엇보다도 중요하다. 이는 개인적 측면의 특성에 대해 사회복지적 측면에서의 직업재활프로그램이나 직업유지서비스 체계를 수정하고 조정하면 개인의 직업적 제 능력에 영향을 미치게 되고 나아가서는 직업적 행동변화를 가져올 수 있기 때문이다. 또한, 선행연구에서도 정신지체인의 취업과 직업유지에 영향을 미치는 것으로서 대인관계나 신체적 청결 등의 사회적 능력과 직업태도나 직업적 행동특성 등의 직업적 능력, 금전관리, 이동, 안전 등의 일상생활 능력 등 개인적 측면의 요인이 많은 영향을 주는 것으로 나타났다.

따라서 본 연구에서는 정신지체인의 직업유지 요인 중에서 개인적 측면의 직업적 제 능력요인을 중심으로 연구의 틀을 구성하였다. 이 경우, 지금까지 이론적 배경에서 고찰한 정신지체와 직업유지의 개념적 정의와 선행연구 결과들을 토대로 하여 직업유지를 '직업유지 기간', '이직경험 횟수', '이직경험 유무'의 3가지 차원으로 제시하고, 이에 영향을 미치는 요인을 '일반적 특성', '개념적 기술', '사회적 기술', '직업적 기술', '사회적 지지'등 5가지로 구성하였다. 이에 대해 구체적인 내용을 살펴보면 다음과 같다.

1. 직업유지

1) 직업유지 기간

장애인의 직업재활 성과에 관해 선행연구에서는 직업유지 기간을 판단기준으로 삼고 있으며, 고용의 질은 단순한 취업만이 아니라 장기적인 고용안정에 있음을 밝히고 있다. 이러한 사실을 뒷받침하고 있는 법적 근거로 미국과 한국의 직업재활 관련규정에서도 찾을 수 있다. 즉, 미국의 장애인 직업재활 공적 프로그램에서는 장애인이 직업재활서비스를 받고 취업이 되었을 때 직업유지 기간이 최종적으로 60일이 넘어야만 성공적인 직업재활로 규정하고 있고, 한국 장애인고용촉진공단 직업지도 등 업무처리 지침[5]에서도 취업한 날로부터 90일 동안 정기적인 방문이 포함된 적응지도를 실시하도록 하고 있다. 이는 장애인들의 경우에는 비장애인에 비해 직업유지 기간이 짧고 취업 후 단기간 내에서의 퇴사율이 높게 나타나기 때문이다. 특히, 선행연구에서도 제시되었듯이 정신지체인들의 1년 이내의 퇴사율은 비장애인의 약 10배에 달하는 것으로 나타나고 있다.

이와 같이 직업유지 기간은 직업재활 성과와 직업성공의 척도로 간주되기 때문에 정신장애인의 직업재활과 관련된 국내 연구(최희수, 1999; 이금진, 2000; 심경순, 2001)에서도 직업유지 기간을 측정한 연구들을 찾아볼 수 있다.

2) 이직경험 횟수

성공적인 직업유지를 위해서는 현재 장애인들의 이직에 영향을 미치는 요인에 대해 살펴보는 것이 중요하다. 선행연구에서도 나타났듯이 정신지체인들의 이직은 직업능력 부족, 대인관계 미숙, 사회성 부족 등 개인의 직업생활 부족으로 인한 부정적인 영향이 많은 것으로 밝혀졌다. 따라서 정신지체인의 직업유지를 위한 직업재활서비스를 제공함에 있어서 이직에 영향을 미

---

5) 직업지도 등 업무처리지침(전문개정 2002. 5. 24. 규칙 제82호)은 장애인 고용촉진 및 직업재활법 제18조(취업 후 적응지도)에 근거한 규칙을 말한다.

치는 요인을 밝혀내는 것은 직업유지를 위한 중요한 단서를 제공할 수 있다.

이직에 대한 개념은 한 직장에서 다른 직장으로 이직하는 노동이동과 한 직장 내에서의 조직 간의 이동 등 넓게 정의되고 있으나, 본 연구에서 의미하는 이직은 다른 직장으로의 노동이동에 한정지어 사용하기로 한다.

3) 이직경험 유무

이직은 이직자 자신의 문제로 인한 원인과 사업체 등 외부환경적 문제로 인한 원인이 있을 수 있다. 후자의 경우에는 개인의 불가항력적인 문제이기 때문에 논외로 하고, 전자에 의한 이직의 경우라면 이직의 원인을 파악함으로써 개인의 직업적 문제점을 파악할 수 있는 단서를 얻을 수 있을 것이다. 그러므로 이직경험 유무를 확인하는 것은 그 자체의 확인이 중요한 것이 아니라 그것을 단초로 하여 개인이 직업을 장기적으로 유지하기 위한 중요 정보를 파악할 수 있다는 점에서 중요하다고 할 수 있다.

또한 어떤 것을 경험한다는 것은 그 상황에 익숙해 질 가능성이 높다는 것을 의미하므로 한번이라도 이직의 경험이 있는 사람은 다시 이직할 가능성이 높을 수 있다고 하겠다. 특히 이직의 원인이 장애인 개인의 문제에서 발생한 것이었다면 더더욱 가능성은 높을 것이다. 그러므로 이직경험 유무는 그 사람이 직장생활을 얼마나 안정적으로 유지할 수 있는지를 가늠케 하는 척도가 되기 때문에 본 연구에서는 종속변인으로 선정하였다.

2. 직업유지의 요인

우선 직업유지(직업유지 기간, 이직경험 횟수, 이직경험 유무)를 구성하는 요인에 대한 근거는 이론적 배경에서 정신지체인의 개념과 직업적 특성에서 적응행동 요인(개념적·사회적·직업적 기술)을 고려하였고, 선행연구에서 사용된 공통된 변수(일반적 특성·직업적 기술) 그리고 선행연구에서 그다지 고려되지 않았던 변수(사회적 지지)를 선정하였다. 이외에 선행연구에서는 직무만족, 자아존중감 등도 직업유지 요인의 주요 요인으로 사용되고 있으나, 본 연구에서는 정신지체인을 대상으로 하고 있기 때문에 설문응답에 대한 현실적인 결과가 반영되지 못할 것으로 예측되어 제외하였다.

1) 일반적 특성요인

정신지체인의 직업유지에 미치는 영향은 개인의 인구학적 특성과 사업체 환경특성에 따라서 차이가 있는 것으로 밝혀졌다. 우선, 인구학적 특성과 관련하여 松林弘助(1980)는 학력과 거주형태에서 유의미한 차이를 지적하였고, 또한, 성별, 연령, 장애정도에서도 유의미한 관련성이 있는 것으로 나타났다(Lawrence, 1974; Mahoney, 1976; 松林弘助, 1980; 유동철, 2000; 이성규, 2000; 박성순, 2002).

다음으로 사업체 특성과 관련하여 松林弘助(1980)는 사업체규모를 김영애(1997)는 장애인 근로자수를 유의미한 관련요인으로 제시하였다. 이 밖에 선행연구에서는 임금정도, 종업원 수, 직종 등을 직업유지와 유의미한 관련성으로 밝히고 있다(김승아, 1995; 최종길, 1999; 유동철, 2000).

이와 같이 인구학적 특성요인으로 성별, 연령, 학력, 장애정도, 주거형태 등을 들고 있고, 사업체 환경요인으로 임금정도, 종업원 수, 직종 등이 직업유지에 영향을 미치는 요인으로 제시되고 있다.

따라서 본 연구에서도 일반적 특성이 직업유지에 영향을 미칠 것으로 예측되어 인구학적 요인(연령, 성별, 장애등급, 학교유형, 주거형태, 직종, 재활프로그램, 평균임금)과 사업체 환경요인(종업원 수, 장애인 수, 복리후생, 근로시간, 작업지도원)으로 구분하여 선정하였다.

2) 개념적 기술요인

개념이란 단어 또는 언어가 가지고 있는 기본적 의미로 일상생활이나 사회생활 또는 직업생활에서 이해되는 개념이 많을수록 학습이나 기능은 빠르게 이루어지고 이러한 학습과 기능은 사회적 및 직업적 환경적응을 보다 용이하게 하게 될 것이다. 즉, 개념적 기술요인이 발달되어 있는 정신지체인은 개념적 언어로 지시되는 여러 가지 범주에 포함되는 다양한 기술과 기능을 더 빨리 습득하게 되고 이는 정신지체인을 새로운 환경에 쉽게 적응하게 함으로써 부적응으로 인한 이직을 줄이게 되고 나아가서는 직업유지 기간을 증가시키게 될 것이다.

이와 같은 개념적 기술에 대해 미국정신지체학회에서는 정신지체의 정의에서 적응행동의 제한성의 하나로서 언어(수용과 표현언어), 읽기와 쓰기, 시간개념, 자기지시(박승희·신현기, 2003) 등으로 정의하고 있다. 이에 대해 關雄之(1997)는 정신지체인의 개념적 기술능력은 지역사회 내에서 생활하는 데 기본이 되며, 이는 직업생활뿐만 아니라 사회생활을 영위하는 데 토대가 된다고 설명하고 있다.

이와 같이 개념적 기술의 중요성 때문에 우리나라에서도 대부분의 특수학교에서 교과과정 속에 개념적 기술능력을 향상시키기 위한 내용이 담겨져 있고(이상춘, 1995), 장애인 직업재활 기관에서도 취업알선 이전에 직업 전 준비훈련 프로그램의 내용 속에 개념적 기술훈련을 포함시키고 있다. 따라서 개념적 기술능력은 직업을 가진 후 성공적인 직업유지를 좌우하는 가장 중요한 척도가 될 수 있다고 볼 수 있다.

따라서 본 연구에서는 개념적 기술요인이 직업생활에서 다양한 정적 혹은 부적인 영향을 미칠 것으로 여겨짐에 따라 이를 직업유지의 요인으로 선정하였으며, 개념적 기술요인에는 언어(수용과 표현언어), 수개념과 언어학습 능력, 시간개념과 이해능력으로 구성하였다.

3) 사회적 기술요인

사회적 기술은 미국정신지체학회에서 정의한 정신지체 개념에서 사회적 적응기술에 해당되는 것으로서 지역사회 내에서의 개인의 사회행동 기술의 능력을 말하며, 여기에는 대인관계, 책임감, 자존감, 속기 쉬움, 금전관리, 이동능력, 규칙준수, 벌률준수, 희생되는 것을 피함 (박승희·신현기, 2003)

등이라고 제시하고 있다.

이와 같이 사회적 기술능력에 포함되는 일상생활 능력, 안전에 관한 능력, 이동능력, 금전관리 능력 등은 직업생활에 필요한 기본적 능력이라 할 수 있다. 이러한 능력들은 대인관계 형성, 작업장에서의 안전사고 예방, 출퇴근 가능성, 임금에 대한 관리능력 등과 관련되는 것으로 사회적 기술능력이 발달된 정신지체인은 직업생활의 가능성이 높을 것이며, 이는 직업생활 능력 저하로 인한 이직을 줄이게 하고 나아가서는 직업유지를 증가시키게 될 것이다. 특히 사회적 기술요인 중에서도 일상생활의 가능정도는 취업 및 직업유지의 전제조건이라 할 수 있고, 아울러 독립적인 출퇴근은 직업생활에서 가장 중요한 요소가 되기도 한다. 실제로 취업중인 정신지체인이 사업체의 이전으로 인해 퇴사하는 경우가 많이 있으며, 또한 작업기능이 있어도 출퇴근 가능여부에 따라 취업이 결정되기도 한다.

이렇듯 사회적 기술수준은 독립적인 생활은 물론 직업적 기능을 수행하는 데 기초가 되기 때문에 정신지체인의 직업유지와 사회적 기술요인 간의 상관관계는 많은 선행연구(Schalock & Harper, 1978; Ohwaki, 1974; Foss & Peterson, 1981; 김형일, 2002 재인용; 高橋 昭, 1987; 木下 巍德, 1981; 권병화, 1997; 이청자, 1998)에서도 밝혀지고 있다.

따라서 본 연구에서도 직업유지의 요인으로 일상생활 능력, 안전에 관한 능력, 이동능력, 금전관리 능력 등의 사회적 기술능력을 선정하였다. 단, 미국정신지체학회에서는 사회적 기술요인에 대인관계, 자존감요인을 포함시키고 있으나, 본 연구에서는 대인관계와 자존감요인은 제외하였다. 이는 대인관계 요인의 경우에는 직업생활 태도, 작업동료와의 협조성 등의 요인에서 통제가 가능하고, 자존감 요인의 경우에는 지적 능력의 제한으로 인해 설문에 한계가 있기 때문이다.

4) 직업적 기술요인

사회적 기술요인이 직업생활과 관련되어 있다면, 직업적 기술요인은 정신지체인이 맡은 직무와 관련되어 있다고 볼 수 있다. 직업생활이 가능한 정신지체인이 모든 직무수행이 가능하다고는 할 수 없으며, 역으로 직무수행이 가능하다고 해서 직업생활이 원만한 것도 아니다. 이는 서로 밀접한 관련성과 상호보완적인 성격을 갖고 있기 때문이다.

이와 같은 직업생활의 특성 때문에 미국의 정신지체학회에서도 정신지체의 정의에서 직업적 기술에 작업기술이라는 직무기능과 직업생활에 필요한 작업환경에 대한 안전을 포함시키고 있다(박승희·신현기, 2003).

따라서 본 연구에서는 직업적 기술요인에 직업생활 태도능력, 작업도구 수행능력, 작업동료와의 협조성, 직업적 행동특성을 고려하였고, 이러한 요인의 능력들은 정신지체인이 특정 직무에서의 적응력향상에 영향을 주어 이직을 줄이게 할 것이며 나아가서는 직업유지 기간을 증가시키게 될 것이다.

직업적 기술요인이 직업성공, 직업실패, 고용안정 등 직업유지에 영향을 미친다는 사실은 많은 선행연구(Zur Shapira, 1985; Hill, 1986; Michael, 1987; 엄승연, 1996; 장숙, 1997; 後藤憲夫, 2000; 김형완, 2004)에서도 잘 나타나고 있다. 따라서 정신지체인의 직업유지를 위해서는 우선적으로 작업생산성과 직접적으로 관련성이 있는 직업적 기술능력이 일차적으로 요구된다고 볼 수 있다.

5) 사회적 지지요인

비장애인에 비해 인지능력 저하 및 적응력에 문제가 있는 정신지체인은 문제상황에서 대처능력이 떨어지며, 특히 직업생활과 작업환경에서의 이러한 대처능력의 저하는 부적응을 유발하여 이직의 요인으로 작용한다. 그러므로 이러한 대처능력이 떨어지는 정신지체인의 직업유지를 위해서는 가족이나 전문가를 포함한 사회적 지지가 필요하며, 사회적 지지를 통해 문제상황에 적절하게 개입함으로써 문제해결에 도움을 주어 결국에는 장기적인 직업유지를 가능하게 할 것이다.

사회적 지지에 대해 이봉원(2000)은 한 개인이 다양한 차원의 사회적 관계망과의 상호작용을 통해서 얻거나 얻었다고 지각하는 원조로서 개인의 적응에 영향을 미치는 다차원적인 특성을 가진 지지적 행동이라고 정의하였다(이봉원, 2000; 심경순, 2001: 재인용).

이와 같이 사회적 지지와 직업유지와의 관련성은 선행연구에서도 가족의 지지 및 전문가의 지지가 정신지체인의 직업유지에 유의미한 영향을 미치는 것으로 나타났다(三澤義一, 1985; 全日本精神薄弱者育成會, 1980; Warren, 1981; Michael, 1987).

따라서 본 연구에서는 직업유지의 요인의 하나로서 사회적 지지요인을 선정하였고, 여기에는 가족의 지지와 전문가(사회복지사, 직업재활상담사 등)의 지지로 제한하였다.

제4절 선행연구

장애인의 직업유지에 영향을 미치는 요인을 분석한 연구는 국내외를 막론하고 매우 드문 편이다. 특히 정신지체인만을 대상으로 한 연구는 국내에서는 찾아볼 수 없었다. 이는 우리나라를 포함한 대부분의 국가에서 장애인 고용이 비장애인에 비해 어렵기 때문에 고용 이후의 고용안정에 노력하는 것보다는 우선 당장의 취업이라는 입직(入職)에 역점을 두고 있기 때문으로 판단된다. 따라서 우리나라에서도 직업적응프로그램, 고용안정 방안, 직업성공, 직업훈련, 직업재활서비스 체계 등 고용을 위한 연구가 대부분인 것이다.

정신지체인의 직업재활과 고용에 관한 국내외의 선행연구들을 살펴보면, 우선 외국의 경우에는 정신지체인의 직업성공과 직업실패, 취업실태와 고용안정에 관한 연구들(Darrell J. Mahoney, 1976; Peterson and Jones, 1984; Charles L et al.,; 木下穰德, 1981; 三澤義一, 1985; 高橋昭, 1987; 松林弘助, 1980)이 있으며, 국내연구에서는 정신지체인의 고용안정, 직업적응, 직업재활서비스 체계, 직업훈련 등에 관한 연구들(김영애,

1997; 백은영, 1994; 박윤영, 1997; 엄승연, 1996)이 있다. 이와 같이 정신지체인의 직업유지와 관련된 연구는 외국에서는 조금씩 이루어지고 있으나, 국내에서는 전무한 실정이다.

이러한 국내의 연구경향은 우리나라의 장애인 고용정책과 제도의 역사가 제 외국에 비해 일천하고 아울러 장애인 직업재활 분야의 임상적 사회복지 개입이 늦게 시작되었기 때문이다. 이로 인하여 장애인 직업재활 연구는 고용 이후의 질적 측면이라 할 수 있는 직업유지에 관한 연구보다는 양적 측면인 고용단계의 고용확대에 관한 연구에 편중되어 있다고 분석된다. 그러나 최근의 사회적 욕구나 가족 및 당사자들은 불안한 고용형태에서의 단순한 취업달성 여부보다는 안정적인 고용의 질을 원하고 있고, 또한 장기적인 직업유지를 직업재활의 성과로 보고 있다.

이렇듯 정신지체인의 직업유지와 관련된 선행연구들이 태부족인 현상으로부터, 본 연구에서는 직업성공, 고용안정, 직업실패, 취업실패 등 관련영역의 연구와 이에 영향을 미치는 관련변수들을 중심으로 검토하기로 한다.

직업유지에 관한 연구는 취업 장애인의 직업유지 요인을 밝혀 직업유지를 최대화시키는 방안이고, 이직에 대한 연구는 이직요인을 밝혀 이직을 최소화하는 방안이기 때문에, 직업유지에 공헌하는 요인들, 직업적 성공에 공헌하는 요인들, 혹은 직업유지를 저해하는 요인들은 동전의 앞뒷면과도 같이 밀접한 관련성이 있기 때문이다. 그리고 정신지체인의 이직과 관련된 선행연구 검토에서는 정신지체인의 이직연구에 대한 흐름을 알아본다는 측면에서 전체 장애인을 대상으로 한 선행연구들을 살펴보고자 한다.

1. 정신지체인의 직업유지 요인에 관련된 선행연구 결과

1) 일반적 특성요인

정신지체인의 일반적 특성과 관련하여 대부분의 선행연구에서는 정신지체

인의 고용이나 직업적응 등 직업유지와 관련된 요인에 개인적 특성이 영향
력을 미치고 있음을 지적하고 있다. Peterson & Jones(1984)는 정신지
체인의 직업성공에 영향을 미치는 요인에 대한 연구에서 개인력, 가족력,
교육수준, 장애정도 등 일반적 특성이 직업성공에 유의미한 영향을 미친다
고 하였다.

松林弘助(1980)는 정신지체 근로자 938명을 대상으로 한 실태조사에서
최종학력은 중졸(40.8%), 거주형태는 가족과 동거(59.2%), 사업체규모는
11~30인(29.4%)의 집단이 각각의 변수에서 직업유지가 가장 높게 나타
났다고 밝혔다.

정신지체인 고용사업주의 태도 및 신념에 관한 연구에서 Darrell J.
Mahoney(1976)는 회사규모가 작을수록, 고용주의 교육수준이 높을수록
정신지체인을 더 많이 고용한다고 밝히면서 그 이유를 정신지체인들은 낮은
수준의 일에 더 잘 어울리고, 충동적으로 행동하는 경향이 있기 때문에 작
은 회사일수록 고용이 용이하고 고용관리상 애로가 덜하기 때문이라 분석하
였다. 그러나 이와는 반대의 결과로서 Lawrence(1974)는 사업주들을 대
상으로 정신지체인 특성에 대한 수용력 측정조사에서 회사규모나 고용주의
교육수준은 수용력과 유의미한 차이가 없었고, 직종에서만 제조업체의 고용
주가 서비스직이나 판매직에 비해 유의하게 수용력이 높게 나타났다고 밝혔다.

이와 유사한 연구로서 사업체의 장애인 고용수와 취업과의 관련성에서 정
신지체인의 취업여부 영향에 대해, 김영애(1997)는 이미 고용한 장애인 근
로자의 수가 많을수록 취업에 정적인 영향을 미치고 직업유지에 도움이 된
다고 보고하였다. 그러나 이 연구에서 기존에 정신지체 근로자가 근무하고
있는 사업체의 경우, 정신지체 근로자가 많아질수록 취업가능성이 낮은 것
으로 보고하였다. 이는 사업주의 입장에서 볼 때 이미 일정수의 정신지체인
이 고용되어 있을 경우, 추가로 정신지체인을 고용하는 데 고용관리상 한계
가 있기 때문으로 추측된다.

정신지체인의 취업에 영향을 미치는 박성순(2002)의 연구에서는 성별,

결혼형태, 장애정도, 차별경험 정도, 교육정도에서 유의미한 차이가 있었고, 가구주여부, 직업훈련 이수여부, 연령은 유의한 차이가 없는 것으로 나타났다. 즉, 성별에서 남성일수록 취업할 확률이 높게 나타났고, 연령이 높을수록 미혼에 비해 기혼일 경우가 취업할 확률이 높게 나타났다. 이와 관련된 또 다른 연구에서 최종길(1999)은 지원고용서비스를 받은 정신지체인을 대상으로 한 연구에서 성별은 남자(73.1%), 연령은 21~25세(53.8%), 장애정도는 경증(66.7%), 학력은 고졸(64.1%)에서 각각 취업이 높게 나타남을 밝혔다. 이는 성별과 장애정도, 교육정도에서 유의미한 차이가 있다고 밝힌 박성순(2002)의 연구와는 일치한다. 이와 같은 결과는 전체 장애인을 대상으로 한 연구에서도 비슷한 양상을 보인다. 2000년도 장애인 근로자실태조사(한국 장애인고용촉진공단, 2001)에 의하면 재가장애인의 경제활동 참가율이 남성 59.37%인 반면 여성은 29.32%에 그치고 있으며, 실업률도 남성 26.82%에 비해 여성은 33.61%로 높게 나타나고 있다. 임금수준도 남성장애인이 861,000원인 것에 비해 여성장애인은 그 절반 수준인 473,000원에 불과한 것으로 나타났다(유동철, 2000). 따라서 성별에서 여성보다는 남성장애인이 직업유지가 높음을 알 수 있다.

한편, 정신지체인의 연령과 관련해서는 직업재활서비스를 받을 때에 연령이 낮을수록 직업적응을 잘하는 것으로 나타났고 장애발생시기와 연령에서도 직업적응의 성과와 관련이 있으며, 장애가 어렸을 때 발생한 경우가 직업적응을 더 잘하는 것으로 보인다고 밝혔다(Saxon, Spitzgel & Penny, 1983: 김승아, 1995: 재인용).

또한, 특수학교를 졸업한 정신지체인 중 장기 취업자 131명을 대상으로 현재 그들이 일하고 있는 취업직종을 조사한 결과, 기계전자조립이 28명(20.6%), 제조업이 80명(58.8%), 용역 등 서비스가 13명(9.6%), 농업이 2명(1.4%), 보호작업장이 13명(9.6%)으로서 전체 중 79.4%가 단순기능직에 종사하고 있는 것으로 나타났다(박희찬, 1995; 이성규, 2000: 재인용).

마지막으로 정신지체인의 직업유지를 위해서는 직업재활프로그램 제공이 중요함을 들 수 있다. 정신지체인의 직업재활프로그램 중의 하나인 사회적응 훈련이 적응행동 수준에 미치는 영향에 관해 장숙(1997)은, 사회적응 훈련을 실시하기 이전과 실시 이후에 개인욕구 충족, 지역사회 욕구충족, 개인 및 사회적 책임, 사회적 적응의 영역에서 향상된 변화를 보였다고 보고하면서 직업적응을 위해서는 사회적응 훈련이 더욱 강조되고 실시되어야 한다고 주장하고 있다. 또한 백은영(1994)과 박윤영(1997)은 사회적응 훈련을 통하여 직업적응력을 높이고 취업 이후에는 직업재활 전문가에 의해 체계적인 사후지도 프로그램이 직업유지를 높일 수 있다고 주장하였다.

이상의 선행연구를 통해 연령, 성별, 장애정도, 교육수준, 주거형태, 임금, 직종, 종업원 수, 직업재활프로그램 등 일반적 요인이 취업 및 직업유지에 미치는 영향에 대하여 다양한 결과가 제시되었으며, 연구의 대상과 연구시점에 따라 각기 상이한 결과가 밝혀짐으로써 일반적 요인과 취업 및 직업유지와의 관련성에 대한 다양한 시각이 제공되었다.

2) 개념적·사회적 기술요인

전술한 바와 같이 미국정신지체학회에서는 정신지체인에 대한 개념정의를 지적 기능과 적응행동상의 유의미한 제한성을 가진 자로 규정하면서, 적응행동이란 일상생활에서 기능하기 위해 사람들이 학습해 온 개념적(인지, 의사소통 및 학업기술 등), 사회적(대인관계, 신변처리, 금전관리, 책임감, 자존감, 안전, 규칙준수 등 사회적 능력기술), 실제적(작업태도, 작업기술, 직무능력, 직업적응 등) 기술의 집합체(박승희·신현기(역), 2003)라고 정의하였다. 본 항에서는 정신지체인의 고용과 직업유지 등에 어떠한 요인들이 영향을 끼치는가에 관하여, 그들이 갖는 적응행동의 제한성 중 개념적·사회적 기술요인에 초점을 맞추어 살펴보기로 한다.

우선, Schalock과 Harper(1978)의 연구에서는 정신지체인의 성공적인 직업수행은 적절한 사회적 행동과 관련이 있다고 하였고 Ohwaki(1974)

도 대인관계 적응은 성공적인 재활과 고용에 있어서 중요한 요인이라고 하였다. 또한 Foss와 Peterson(1981)은 정신지체인이 직장에서 실패하는 이유로 작업감독과 동료와의 대인관계의 어려움으로 인해 적절한 작업기능을 방해하게 되고 결국 직장을 그만두게 되는 문제를 야기하는 것이라고 하였다(김형일, 2002).

개념적 기술요인과 관련하여 정신지체인의 고용가능성에 대한 판단기준 연구(高橋昭, 1987)에서 직업재활 전문가의 설문조사 결과를 보면, 정신지체인의 작업의욕과 태도(80.0%), 대인관계와 사회성(58.9%)이 고용에 중시되는 항목으로 나타난 반면, 금전관리 능력, 수개념능력은 거의 중시되지 않는 항목으로 나타났다.

사회적 기술요인과 관련하여 정신지체인의 사회적 기술능력과 직업실패와의 관련성을 고찰한 연구에서, Brickey(1982)는 일반사업체에 배치되었다가 퇴사한 53명의 정신지체인에 대해 장기간 직업유지를 못하고 실패하는 이유를 조사한 결과, 동료와의 관계부족, 부적절한 행동과 옷차림이 주요 요인이라고 밝혔고, Greenspan Shoult(1981)는 해고된 정신지체인 30명에 대해 조사한 결과 감정적인 행동, 부적절한 대화가 원인이라고 제시했다. 또한 이와 유사한 연구로 Hanley-Maxwell et al.,(1986)는 첫 번째 직장에서 실패한 정신지체인 51명을 대상으로 한 연구에서 공격성, 언어사용 미숙, 옷차림 등이 실패의 요인이라고 밝혔다. 상기의 제 연구결과를 통해 정신지체인의 직업실패는 대인관계가 원만하지 못하고, 공격적이며, 언어사용 미숙 등 개념적·사회적 기술과 관련 있는 것으로 나타났다.

정신지체인 195명의 직장적응을 위한 연구보고서(木下犧德, 1981)에서는 대인관계, 자기지남력 등 사회적응 행동이 일에 대한 이해, 노동습관, 작업능력 등 직업적 기술보다 직업유지에 영향을 더 미친다고 보고하였다.

이와 같은 연구결과는 국내연구에서도 여러 차례 밝혀지고 있다. 정신지체인의 직업적응을 위한 조사에서 권병화(1997)는 직업생활 유지가 어려운 이유를 적응행동 및 의사소통의 문제에서 찾았으며, 이에 대한 해결책으로 직업을 갖기 이전에 작업에 대한 습관과 태도, 의사소통 방법 등이 필요하다고 강조하고 있다. 이청자(1998)의 연구에서도 정신지체인의 직업적응을 어렵게 하는 요인들은 주의산만, 자해행위, 공격적 행동, 부적절한 대인관계라고 밝혔다. 따라서 정신지체인이 직업을 유지하기 위해서는 작업과 관련된 기술도 중요하지만 대인관계, 의사소통 등 사회성 기술도 상당히 중요한 요인으로 작용하고 있음을 예측할 수 있다.

그러나 이와 반대로 정신지체인을 고용하고 있는 사업주 263명에 대해 직업성공의 예측요인을 설문한 결과, 대인관계, 의사소통 기술 등의 사회성 기술은 직업유지에 별다른 영향을 미치지 않았고, 근무태도, 신변처리 능력, 작업의 정확성 등 직업적 기술요인이 더 많은 영향을 미친다는 상반된 연구결과(三澤義一, 1984)도 제시되고 있다.

3) 직업적 기술요인

직업적 기술요인은 미국정신지체학회에서 정의한 정신지체인의 개념에서 적응행동의 제한성 가운데 하나인 실제적 기술에 해당되는데, 실제적 기술이란 직업생활을 영위함에 있어서 실제적으로 필요한 직업생활 태도능력, 작업도구 수행능력, 작업동료와의 협조성, 직업적 행동특성 등을 말한다.

정신지체인의 직업적 기술요인과 관련하여 대부분의 선행연구에서는 정신지체인의 직업성공이나 직업실패, 직업적응 등 직업유지와 관련된 요인에 직업적 기술요인이 영향력을 미치고 있음을 지적하고 있다. Charles L et al.,(1988)는 정신지체인의 직업실패에 대한 조사연구에서 직업실패에 대한 원인은 다른 요인보다 직업기술 능력요인과 가장 관계가 높으며, 특히 불량품과 같은 생산과업, 작업지시에 대한 이해부족, 작업장에서 공격적인 말투와 같은 직업적 행동특성이라고 밝히면서 직업유지를 위해서는 취업 이전에 충분한 직업에 대한 기능훈련이 필요하다고 제시하였다. 이러한 연구결과를 뒷받침하고 있는 연구로서 Michael(1987)은 정신지체인 고용사업주를 대상으로 한 정신지체 근로자의 직업생활 능력에 관한 조사에서 '출퇴근의 정시 도착과 출발', '휴식기간 후 정시 복귀' 등 직업생활 태도요인은 전체 평균점수 이상으로 나타났고, '작업이 느리고 작업기능을 늦게 배운다'라는 작업도구 수행능력에서는 전체 평균점수보다 낮게 나타났다고 밝혔다. 이러한 결과는, 정신지체인들이 직업생활 태도는 양호하나 작업도구 수행능력은 낮음을 말해 준다.

이와 유사한 연구로 Hill(1986)은 퇴사한 정신지체인 165명을 대상으로 한 조사에서 작업이 서투르고 느리며 낮은 생산성이 직업실패의 원인이라고 제시하였고, Kochany Keller(1981)은 1개월 이내에 퇴사한 정신지체인 90명에 대해 조사한 결과 동료에 대한 협조와 도움요청이 부족하고 출퇴근 문제가 직업실패의 원인이라고 밝혔다. 또한 Wehman et al.,(1982)은 정신지체 근로자 63명을 대상으로 직업생활의 애로사항에 대해 조사한 결과 직무적응력과 기술습득이 늦고 작업동료에 대한 협조성이 낮다고 지적하였다. Lagomarcino, T. R. (1990)의 연구에서도 직업생활 태도와 관련하여 정신지체인의 직업적응을 저해하는 원인으로써 부적절한 작업행동과 불규칙적인 출근율에서 시사되는 바와 같이 정신지체인의 내적 요소라고 제시했다.

한편, 작업동료와의 협조성이나 직장에서의 안전문제와 직업실패와의 관련성 연구에 있어, Brickey(1982)는 일반사업체에 배치되었다가 퇴사한 53명의 정신지체인에 대해 장기간 직업유지를 못하고 실패하는 이유를 조사한 결과, 작업동료에 대해 비협조적이고, 안전수칙을 잘 따르지 않기 때문임을 밝혔다. 특히, 작업장에서의 안전문제와 관련하여 後藤憲夫(2000)의 연구에서는 미취업중인 비장애인과 정신지체인 간의 안전에 대한 의식조사에서 정신지체인이 낮게 나타났다고 밝히면서, 취업 이전과 취업 이후에 작업장내의 위험환경과 작업기계의 올바른 사용법, 사고 시 보고나 도움의 요청 등에 대해 매뉴얼 등을 만들어 충분한 안전교육이 이루어져야 한다고 언급하였다.

작업도구 수행능력과 생산성과의 관련성을 규명한 연구에서 Zur Shapira(1985)는 34명의 정신지체 근로자에 대해 조사한 결과, 작업도구 사용이

익숙하고 일의 성격파악이 빠르며, 개인의 발전과 성취에 대한 욕구가 강할수록 생산성이 높게 나타났다고 밝혔다.

직업적 기술요인과 관련된 국내연구에서 김형완(2004)은 정신지체인 고용사업주를 대상으로 한 고용만족도에 관한 연구에서 정신지체인의 직무수행 능력과 작업태도가 좋을수록 고용만족도가 높게 나타났다고 보고하였다. 이와 유사한 연구에서 엄승연(1996)은 정신지체인의 고용안정을 위한 지원체계 연구에서 정신지체 근로자의 행동적 특성과 사업체환경의 상호적 적응관계에서 기능적 장애가 발생하여 직업유지가 어렵다고 보고하였다. 이 연구결과에 의하면 사업주의 정신지체 근로자에 대한 태도 및 만족도에서 작업능력과 일상생활 기술부족을 가장 불만족 요인으로 꼽았고, 고용관리의 애로사항으로서는 작업지도, 건강관리, 의사소통이라고 밝혔다. 이에 대해 사업주는 취업 전 작업능력에 대한 훈련보다 일상생활 및 직장의 일반적 규범에 대한 훈련이 직업유지에 도움이 된다는 의견을 제시하였다.

이상의 선행연구 결과를 종합해 보면, 정신지체인이 직업을 유지하는 데에 문제가 되는 것은 개념적, 사회적 기술의 저하뿐만 아니라 직업적 제 능력의 결함 때문인 경우가 많다고 볼 수 있으며, 이를 위해서는 취업 이전이나 취업 이후에 직업적 기술능력이 습득되어져야 할 것이다.

4) 사회적 지지요인

사회적 지지요인에 관해서는 가족의 지지와 전문가의 지지로 구분하여 살펴보기로 한다. 우선, 가족의 지지요인과 관련된 연구에서 정신지체인의 직업유지를 위해서는 가족의 협력과 지지가 중요하다고 지적하고 있다. 예를 들어 三澤義一(1985)는 정신지체인의 고용사업주를 대상으로 정신지체인의 직장적응과 개선방안에 대한 연구결과에서 정신지체인의 고용안정을 위해서는 작업도구 사용능력, 의사표현 능력, 건강상태 양호, 보호자 협력 등이 필요하다고 밝히면서, 특히 건강상태를 유지하기 위해서는 보호자의 역할이 중요함을 지적하고 있다. 또한 정신지체인 고용사업주를 대상으로 한 설문조사(井上英二, 1981)에서도 채용 시 가장 염두에 두는 것은 피고용자의 직업적 능력이나 특성보다는 부모나 가족의 협력이나 지지인 것으로 나타났다. 이와 유사한 국내의 연구에서 김형완(2004)은 부모의 관심과 협조가 좋을수록 정신지체인을 고용하고 있는 사업주의 고용만족도가 높게 나타났다고 보고하였다.

이와 같이 가족역할의 중요성은 직업유지의 반대의 개념인 정신지체인의 이직원인에서도 발견할 수 있는데, 일례로 全日本精神薄弱者育成會(1980)의 연구조사에 의하면 정신지체의 이직원인이 가족의 과잉보호 및 방임, 가족과 사업체의 의사소통 부족, 가족의 이사, 보호자 사망 등의 순으로 나타났다. 이는 정신지체의 특성상 직무와 관련된 적응행동 이외에도 다양한 요인에서 광범위하게 직업부적응 행동이 나타나기 때문에 당사자에 대한 장애특성을 가장 잘 알고 있는 가족의 역할과 협력이 고용안정이나 직업유지에 영향을 미치는 것으로 분석된다.

다음으로 전문가의 지지요인과 관련하여 정신지체인의 직업유지를 위해서는 가족의 영향과 더불어 전문가가 미치는 영향도 간과할 수 없다. Warren(1981)는 정신지체인의 성공적인 고용과 관련된 많은 연구에서 정신지체인과 슈퍼바이저(전문가)와의 관계가 원만할수록 고용유지가 높고, 반대로 슈퍼바이저와의 관계가 부적절할수록 고용실패가 높게 나타났다고 제시하였다.

Michael(1987)도 정신지체인 고용사업주를 대상으로 한 연구조사에서 고용주는 주정부로부터 작업지도원 지원이나 고용에 따른 감세(세금감면, 장려금 등)에 많은 흥미를 갖고 있고, 작업지도원이 배치된 사업체가 배치되지 않는 사업체에 비해 정신지체인들의 작업이 순조롭고 고용안정에 도움이 된다고 밝혔다.

이와 같이 전문가로부터의 영향요인과 관련하여 小川浩 외(2000)는 작업지도원의 역할에 대해 작업지도원은 대상자에 대한 직업능력 평가, 직업배치, 직장에서의 작업지도, 동료작업자와 문제발생 시 개입 등 정신지체인의 직업성공에 가장 큰 영향을 미치는 역할을 수행한다고 하였다. 또한,

James A(1986)도 정신지체인은 고용 이후에 인적환경 지원체계인 작업지도원으로부터 계속적인 사후지도나 점검을 받지 않으면 직업을 잃게 되고 장기간 동안 실직이 불가피할 것이라고 강조하였다. 이와 같이 작업지도원의 역할에 대한 효과성 연구에서 嵩지部(2004)는 2002년 10월~2003년 9월까지 작업지도원이 배치된 사업체에 취업한 장애인 2,759명을 대상으로 한 조사에서 6개월 이상 직업을 유지하고 있는 사례가 78.7%로 높게 나타났다고 밝혔다.

지금까지 정신지체인의 직업유지와 관련된 선행연구를 1)일반적 특성요인, 2)개념적·사회적 기술요인, 3)직업적 기술요인, 4)사회적 지지요인이 직업성공과 직업실패, 고용안정 등에 미치는 영향으로 나누어 살펴보았다.

이상의 선행연구의 동향에서 알 수 있는 것은 첫째, 기존의 연구는 정신지체인을 대상으로 하면서도 설문대상이 정신지체인 당사자가 아니라 고용사업주, 재활관련 전문가, 부모를 상대로 한 설문조사가 대부분이었다는 사실이다. 이는 정신지체라는 장애특성상 설문자체에 제한성이 있기 때문인 것으로 해석되나, 당사자 측면에서 현실적이며 객관적 상황을 정확히 반영하지 못하는 결과를 초래할 수 있다.

두 번째로는 연구내용의 대부분이 취업실태조사, 고용과 고용실패, 재활프로그램 효과성, 고용안정 등과 같은 직업재활의 기초 연구물에 해당한다는 것이다. 이러한 연구들은 직업재활의 기초연구로서는 가치가 있지만 직업재활의 성공의 척도로 보는 직업유지를 위한 총체적인 분석과 요인을 밝혀내는 데는 한계가 있다.

세 번째로는 표본크기의 문제이다. 대부분의 선행연구에서 표본크기가 50사례 내외로서 모 집단의 성격을 객관적으로 반영하는 데에는 한계를 노정할 수밖에 없다.

네 번째로는 연구에 사용된 각 요인의 변수들이 장애인 개인의 요인보다는 사업주 측면의 요인에 한정되어 있고, 아울러 사업주 측면에서도 사업주인식, 고용환경, 직무요소, 고용프로그램 등이 총체적으로 적용되지 않고 단일변수의 일부분만 사용되었다. 따라서 정신지체인의 직업유지 요인을 밝혀내기 위해서는 개인적 요인과 사업체 환경요인을 비롯하여 생태체계적인 관점에서 사회적 지지요인도 고려할 필요가 있다.

다섯 번째로는 정신지체인의 직업유지에 관련한 대부분의 선행연구들이 정신지체인만을 대상으로 한 것이 아니라 전체 장애유형 중의 일부분으로 다루어졌다는 사실이다. 정신지체는 타 장애와 비교하여 그 장애의 원인 및 특성이 다르기 때문에 개별적 접근을 통한 정신지체 고유의 직업유지 요인의 규명은 불가결하다.

2. 장애인의 이직에 관련된 선행연구 결과

장애인의 이직과 관련된 선행연구 검토에서는 장애인 이직연구에 대한 전체적인 흐름을 알아본다는 측면에서 정신지체인을 포함한 장애유형 전체를 대상으로 살펴보았다. 이 경우, 우선 이직에 관한 개념정의가 선행되어야 할 것이다.

이직이란 광의의 개념인 노동이동으로부터 출발하여 조직외부로의 이동까지를 의미한다. Abelson(1987)은 일반적으로 이직에 관한 네 가지 유형 중 이직에 관해 중점적으로 연구의 대상이 되는 것은 '자발적 이직'과 '피할 수 있는 이직'으로 보고 있다. 이직은 조직의 상태를 반영하고 있을 뿐만 아니라 개인, 조직 및 사회에 끼치는 영향이 크며, 그 효과도 부정적인 측면과 긍정적인 측면을 동시에 갖고 있다. 이직자의 입장에서 본 이직의 부정적 효과는 가족과 사회적 관계의 손실, 이동에 따른 스트레스, 경력기회 감소 등이 있으며 긍정적 효과로는 소득의 증대와 경력상승, 자기개발, 새로운 환경에 따른 자극유발 등이 있다(Mobley, 1982).

그러나 장애인의 경우에는 직장에서 일할 수 있는 환경적인 특수성이 갖추어져야 하며, 직장으로 이동하는 데 어려움을 겪으므로 취업의 기회에서 많은 제약을 가지게 되고, 취업이 되었다 하더라도 이직에 처할 수 있는 환경에 접하기 십상이다(이성혜, 1998). 따라서 이직에 따른 긍정적인 효과보다는 부정적인 효과가 더 클 것으로 예측되며, 이러한 결과는 다음과 같이 여러 연구들에서도 나타난다.

우선, 조성열(2000)의 연구에서는 장애인들의 이직사유가 작업동기 불충분, 작업기능 저하, 작업환경 열악으로 나타났고, 장애인 근로자실태조사(2000)에서는 저임금, 적성불일치, 출퇴근 불편 등으로 나타났다.

김승아(1995)는 약 2,000개 소의 사업체를 대상으로 하여 근로장애인 이직의 결정요인을 개인특성과 조직특성, 직무만족, 조직몰입으로 구분하여 분석한 결과, 이직의 주요 변수에서 가장 높게 나타난 요인이 직무불만족이었으며 다음이 조직몰입이었다. 따라서 장애인 근로자가 직무를 통해 만족을 얻는다면 장기 근속하는 경향이 있다고 밝히고, 또한 장기 근속요인으로 조직몰입도 중요한 영향을 미친다고 제시하였다.

김기원·김승아(1995)의 연구에서는 재직기간에 미치는 요인들로 사회경제적 요인, 장애요인, 사회적 개입요인, 직장만족 요인을 선정하였다. 분석결과 사회경제적 요인에서는 연령이 많을수록, 기혼자일수록, 소득이 높을수록 재직기간이 길었고, 직장만족 요인에서는 일에 대한 흥미도, 중요성, 장래성, 타인으로부터 인정, 안정성 등 일자리에 대한 만족도가 높을수록, 상사와 동료 간의 비공식적 친밀감이 클수록 재직기간이 긴 것으로 나타났다.

이직의 반대개념인 직업성공과 관련한 연구에서 김삼섭(1997)은 장애인 1명 이상을 고용하고 있는 사업주 50명을 대상으로 한 조사에서, 고용주들이 생각하는 장애인의 직업적 성공관련 요인의 순위에서 의사소통, 작업기능, 사회성, 개인특성 순이라고 밝혔다.

이성규·유숙렬·김상희·이성은·이세영(2000)은 장애인의 개인적 특성, 장애요인, 근무조건 및 직무환경, 직업재활서비스, 지원서비스 관련요인이 이직경험, 재직기간, 근속이유에 미치는 영향에 대해 연구하였다. 연구결과 개인적 특성에서 학력이 낮을수록, 남자일수록, 이혼 및 사별의 경우일수록, 부양인수가 많을수록 이직경험이 높았다. 장애요인에서는 장애등급이 높을수록, 의료서비스 경험이 많을수록, 일상생활에서 타인의 도움이 높을수록, 재정관리에 있어 타인의 도움이 높을수록 이직률이 높게 나타났다. 근무조건 및 직무환경 등 직장관련 요인에서는 비장애인과 함께 근무하는 통합사업장 형태보다 장애인만 근무하는 형태가 이직경험이 높았고, 취업 전 희망직업이 지금의 직업과 다른 경우가 이직의 경험률이 높았다. 또한 근무시간이 길수록, 복지시설이 불만족스러울수록, 임금이 불만족스러울수록 이직의 경험률이 높았다. 이직경험이 많은 근로자일수록 스스로의 입장에서는 이직 유발요인들인 근로의욕의 저하, 부정적 심상 등을 많이 보유하는 경향이 있었고, 고용주의 입장에서는 근로자의 직무수행 동기와 정착의지 혹은 충성심, 몰입도 등에 대한 부정적 평가를 견지하는 경향이 현저하기 때문이라는 점이 일반적으로 지적되었다(김상욱, 유홍준, 2000).

노임대(2003)의 연구에서는 지체장애인 근로자의 직업성공을 구성하는 요인을 개인적 측면, 조직적 측면, 가정적 측면의 범주로 구분하여 분석하였다. 연구결과 연령이 높을수록 이직을 많이 하였고, 전문직보다는 단순노무직에서 이직경험 횟수가 많았으며, 직위가 높고, 근속연수가 길고, 임금이 높을수록 이직의 경험이 적게 나타났다. 따라서 성공적인 직업생활을 위해서는 취업 장애인의 직종이 전문화될 필요가 있고, 이를 위해서 학력을 높이고 전문화 교육에 노력할 것을 제안하고 있다.

이직사유에 대한 조사결과에서 장애인 근로자실태조사(한국 장애인고용촉진공단, 2000)에서는 이직을 희망하는 장애인 근로자의 이직이유가 '임금이 낮아서'가 가장 높게 나타나 저임금이 가장 큰 이직요인으로 나타났다. 또한 한국보건사회연구원(2001)의 장애인실태조사에 의하면 취업 장애인의 현재 일에 대한 만족도에서 '대체로 불만족스럽다'가 40.3%, '매우 불만족스럽다'가 10.3%로 불만족한 상태가 50% 이상으로 나타났다. 이에 대해 직장생활의 애로사항은 '낮은 수입'이 47.8%로 절반 가까이 차지하였다.

이직사유의 주요 요인으로 밝혀진 장애인 근로자의 저임금과 관련한 연구에서 유동철(2000)은 고용된 지체장애인과 비장애인을 대상으로 장애인의 임금차별 영향을 분석한 결과 장애로 인한 생산성 저하 때문에 발생하는 임금격차는 총임금격차의 19.9%인 반면에 차별에 기인한 임금격차는 총임금격차의 49.6%를 차지하는 것으로 나타나 장애인의 임금수준이 낮은 것은 생산성보다는 차별에 기인하기 때문이라고 제시했다. 따라서 장애인 고용을 개선하고 임금을 높이기 위해서는 장애인에 대한 교육·훈련 프로그램보다는 장애인의 고용을 사회적으로 강제하고 선입견을 해소하는 방향에 주된 초점이 놓여져야 한다고 밝히고 있다.

이상에서 나타난 국내의 제 연구결과는 국외에서도 비슷한 양상을 보인다. Darke, Kaplan, Stone(1972)은 그들의 연구결과에서 응답한 고용주의 73.8%가 직업유지를 저해하는 요인으로 '의사소통 기술의 부족'을 지적하였음을 밝혔다. 그러나 Keyser(1974)는 자신이 조사한 165명의 인사관리자 대부분이 '신체적인 외모'를 유일한 부정적인 요인으로 지적했던 것으로 보고하였다. Tschirgi(1972)는 70개의 장애인 고용사업체를 조사한 결과, 직업유지를 위해서는 작업기능이나 작업생산성과 같은 객관적인 요인보다 의사소통 기술, 외모, 개인의 태도 등의 지각적인 요인이 더 중요하다고 언급하였다.

이와 같이 장애인의 이직사유가 국내외를 막론하고 의사소통 기술부족, 작업기술 부족, 사회기술 부족, 저임금, 적성불일치, 직무불만족 등 개인이 좀더 나은 직업환경으로의 긍정적인 이직보다는 개인에게 역기능적이고 부정적인 이직이 많다는 것을 알 수 있다. 이렇듯 개인에게 부정적인 이직은 장애인 고용제도나 직업재활 체계 및 프로그램을 통하여 개선되지 않으면 이직이 되풀이될 수밖에 없으며, 잦은 이직은 사회통념상 사회적 관계의 상실과 조직의 비적응자라는 인식을 받기 쉽다.

지금까지 이직과 관련된 주요 연구에서는 이직의 결정요인을 크게 개인특성, 사업체환경 및 조직특성, 가족특성, 직업재활서비스 특성으로 구분하여 분석을 하고 있다. 그러나 이는 대부분 지체장애인에 국한된 연구이거나 혹은 전체 장애인을 대상으로 하였기 때문에 장애유형별 이직요인을 밝히는 데는 한계가 있다. 특히 정신지체인의 경우에는 대부분 연구대상에서 제외되어 있어 향후 별도의 후속연구가 시급하다.

3. 정신지체인의 직업유지 요인에 사용된 변수

본 항에서는 정신지체인의 직업유지와 관련된 선행연구에서 사용된 주요 변수들을 살펴보고자 한다. 선행연구에서의 주요 변수들을 살펴본다는 것은 기존의 연구경향과 결과의 분석을 통하여 새로운 연구의 틀을 마련할 수 있고, 나아가 요인의 변수들을 결정하는 실마리를 제공하는데 의의가 있다고 볼 수 있다. 상기 연구과제에 관련된 주요 변수들을 정리해보면 〈표 2-1〉과 같이 요약할 수 있다.

전술한 앞의 1항 및 2항에서 살펴본 바와 같이 국내·외 연구들에서 정신지체인의 직업유지에 영향을 미치는 요인들은 매우 다양한데, 이는 크게 직업성공 관련요인, 직업실패 관련요인, 고용안정 관련요인으로 대별할 수 있다.

우선, 직업성공 관련요인에 사용된 변수들을 보면, 일반적 특성, 사회적 기술, 직업생활 태도에 관한 변수들을 사용하고 있고, 사업주들을 대상으로 한 요인분석에서도 마찬가지 변수들을 적용하고 있다(Lawrence,1974; DarrellJ.Mahoney, 1976; 松林弘助, 1980; 木下樴德, 1981; 三澤義一, 1984; 高橋 照,1987; 이선우, 2001; 박성순, 2002).

다음으로는, 직업실패 관련요인에 사용된 변수들은 대인관계, 이동기술, 안전, 일의 속도, 공격적 행동, 작업집중력 등 사회적 기술요인과 직업적 기술요인을 선정하여 직업실패에 미치는 요인을 분석하고 있다(全日本精神薄弱者育成會,1980; Foss & Peterson, 1981; Green & Shoultz, 1981; Brickey, 1982; Wehman, 1982 ; Martin, 1986; Hanley et al, 1986).

마지막으로 정신지체인의 직업적응과 관련된 요인에 사용된 변수들은 일반적 특성, 직업생활 태도, 사업체환경 특성 등을 선정하여 분석하고 있다 (권병화, 1997; 이청자, 1998; 엄승연, 1996).

이와 같이 선행연구에서 사용한 변수들은 부분적, 단편적 분석자료로만 이용되었을 뿐 정신지체인의 직업유지 요인을 종합적으로 판단하는 데는 한계가 따를 수밖에 없다. 따라서 정신지체인의 직업유지 요인을 밝혀내기 위해서는 정신지체 개념정의에 해당되는 개념적 기술요인, 사회적 기술요인, 직업적 기술요인 등에 관한 변수들이 총체적으로 고려되어야 하며, 여기에다 생태체계적인 관점에서 사회적 지지요인의 변수가 포함되어야 할 것이다.

〈표 2-1〉 선행연구자의 정신지체인의 직업유지 요인에 사용된 주요 변수

연 구 자	범 주	변 수	비 고(결 과)
Lawrence (1974)	일반적 특성	성별, 연령, 학력, 거주형태, 사업체규모, 직종 등	정신지체 고용사업주에 대한 수용력 측정조사 (직종에서 유의미)
DarrellJ. Mahoney (1976)	일반적 특성	성별, 연령, 학력, 거주형태, 사업체규모, 직종 등	정신지체 고용사업주에 대한 태도 신념 조사 (사업주의 교육수준, 회사규모 유의미)
松林 弘助 (1980)	일반적 특성	성별, 연령, 학력, 거주형태, 사업체규모, 직종 등	정신지체 근로자실태 조사 (학력, 거주형태, 사업체규모 유의미)
全日本精神薄弱者育成會 (1980)	사회적 기술	가족과 전문가 지지, 의사소통, 주거형태, 과잉행동 등	정신지체인 이직실태 조사
Foss & Peterson (1981)	사회적 기술	대인관계, 이동기술, 안전 등	정신지체인 직업실패자 실태조사
Green & Shoultz (1981)	직업생활 태도 직업적 행동특성	시간엄수, 작업 중 잡담, 감정적인 행동, 불안, 싸움	정신지체인 취업실패자 실태조사

연 구 자	범 주	변 수	비 고(결 과)
木下檅德 (1981)	사회적응 행동 직업생활 태도	대인관계, 자기지남력, 노동습관, 일에 대한 이해	정신지체 근로자 실태조사(대인관계, 자기지남력에서 유의미)
Brickey (1982)	사회적 기술 직업적 기술	일의 속도, 작업집중력, 동료와의 관계, 부적절한 행동 등	정신지체인 퇴사자 실태조사
Wehman (1982)	직업생활 태도 직업적 행동특성	직무이해, 작업지시 이행여부, 공격적인 행동 등	정신지체인 퇴사자 실태조사
三澤義一 (1984)	사회적 기술 직업적 기술	대인관계, 의사소통, 근무태도, 신변처리 능력, 작업의 정확성	정신지체인 고용사업주 조사(근무태도, 신변처리 능력, 작업의 정확성에서 유의미)
Hanley et al(1986)	사회적 기술 직업생활 태도	공격성, 언어사용, 옷차림, 결근, 시간엄수, 일에 대한 동기 등	정신지체인 취업실패자 실태조사
Martin (1986)	사회적 인식 작업적 기술	사회적 인식, 작업기능	정신지체인 취업실패자 실태조사
高橋照 (1987)	사회적 기술 직업생활 태도	작업의욕과 태도, 대인관계, 금전관리 능력, 수개념, 언어학습 능력	정신지체인에 대한 고용가능성 연구(작업의욕과 태도, 대인관계에서 유의미)
엄승연 (1996)	직업행동 특성 사업체환경특성	직업행동 특성, 사업체환경 특성	정신지체인 직업적응 연구
권병화 (1997)	일반적 특성 직업생활 태도	성별, 연령, 장애정도, 의사소통, 적응행동 등	정신지체인 직업적응 조사연구
이청자 (1998)	일반적 특성 직업적 행동특성	성별, 연령, 장애정도, 주의산만, 자해행위, 공격적 행동, 대인관계 등	정신지체인의 직업적응 연구(주의산만, 자해행위, 공격적 행동, 대인관계에서 유의미)
이선우 (2001)	일반적 특성	성별, 결혼형태, 장애정도, 교육정도, 직업훈련 이수여부, 연령, 직종 등	정신지체인 취업실태 조사 (성별, 연령, 교육연수에서 유의미)
박성순 (2002)	정신지체인의 일반적 특성	성별, 결혼형태, 장애정도, 차별경험 정도, 교육정도, 직업훈련 이수여부, 연령	정신지체인 취업실태 조사 (성별, 결혼형태, 장애정도, 차별경험 정도, 교육정도에서 유의미)

제3장 연구방법

제3장 연구방법

제1절 연구가설 및 연구모형

본 절에서는 이론적 배경과 선행연구를 중심으로 선정한 변수를 토대로 하여 가설을 설정하고, 가설에 따른 연구모형을 〔그림 3-1〕과 같이 제시하였다.

가설 1. 정신지체인의 직업유지 기간은 일반적 특성요인, 개념적 기술요인, 사회적 기술요인, 직업적 기술요인, 사회적 지지요인의 영향을 받을 것이다.

【가설1-1】 일반적 특성의 차이에 따라 직업유지 기간이 다를 것이다.

【가설1-2】 개념적 기술요인의 능력이 높을수록 직업유지 기간이 길 것이다.

【가설1-3】 사회적 기술요인의 능력이 높을수록 직업유지 기간이 길 것이다.

【가설1-4】 직업적 기술요인의 능력이 높을수록 직업유지 기간이 길 것이다.

【가설1-5】 사회적 지지요인의 능력이 높을수록 직업유지 기간이 길 것이다.

가설 2. 정신지체인의 이직경험 횟수는 일반적 특성요인, 개념적 기술요인, 사회적 기술요인, 직업적 기술요인, 사회적 지지요인의 영향을 받을 것이다.

【가설2-1】 일반적 특성의 차이에 따라 이직경험 횟수가 다를 것이다.

【가설2-2】 개념적 기술요인의 능력이 높을수록 이직경험 횟수가 낮을 것이다.

【가설2-3】 사회적 기술요인의 능력이 높을수록 이직경험 횟수가 낮을 것이다.

【가설2-4】 직업적 기술요인의 능력이 높을수록 이직경험 횟수가 낮을 것이다.

【가설2-5】 사회적 지지요인의 능력이 높을수록 이직경험 횟수가 낮을 것이다.

가설 3. 정신지체인의 이직경험 유무는 일반적 특성요인, 개념적 기술
        요인, 사회적 기술요인, 직업적 기술요인, 사회적 지지요인의
        영향을 받을 것이다.

【가설3-1】 일반적 특성의 차이에 따라 이직경험 유무가 다를 것이다.

【가설3-2】 개념적 기술요인의 능력에 따라 이직경험 유무가 다를 것이다.

【가설3-3】 사회적 기술요인의 능력에 따라 이직경험 유무가 다를 것이다.

【가설3-4】 직업적 기술요인의 능력에 따라 이직경험 유무가 다를 것이다.

【가설3-5】 사회적 지지요인의 능력에 따라 이직경험 유무가 다를 것이다.

[그림 3-1] 연구모형

일반적 특성요인
• 인구학적 요인: 성별, 연령, 학교유형, 장애 등급, 주거형태, 입사 전 직업재활프로그램, 평균임금
• 사업체환경요인: 직종, 회사설립 연수, 종업원 수, 장애인 수, 작업지도원, 복리후생시설 수, 근로시간
개념적 기술요인
• 언어(수용과 표현언어)
• 수개념과 언어학습
• 시간개념과 이해
사회적 기술요인
• 일상생활 능력
• 안전에 관한 능력
• 이동능력
• 금전관리 능력
직업적 기술요인
• 직업생활 태도능력
• 작업도구 수행능력
• 작업동료와의 협조성
• 직업적 행동특성
사회적 지지요인
• 가족의 지지
• 전문가 지지(사회복지사)
직업유지
• 직업유지 기간
• 이직경험 횟수
• 이직경험 유무

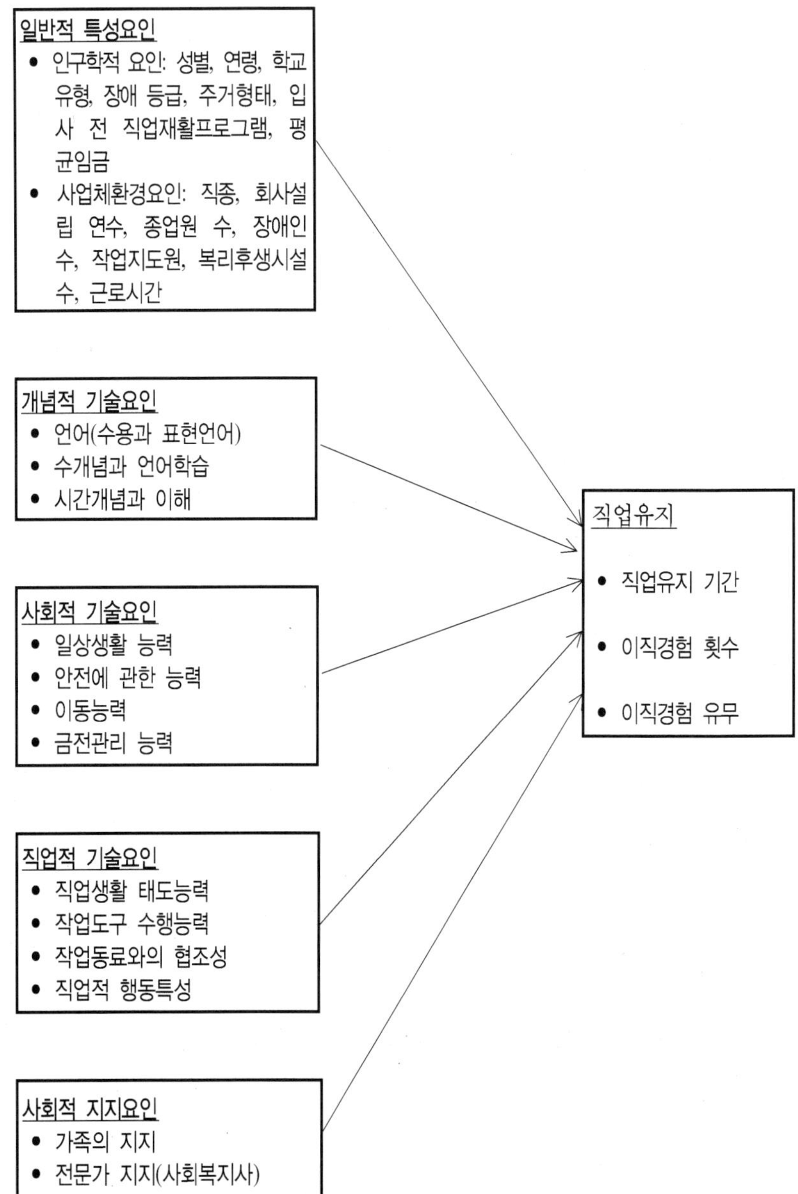

제2절 조작적 정의

본 연구에서 사용하는 몇 가지 주요 개념들을 조작적으로 정의하면 다음과 같다.

1. 정신지체인

장애인복지법시행령 제2조의 규정에 의한 장애인기준에서 정신지체에 해당하는 장애인을 의미한다. 이러한 장애인들 중 본 연구의 개입대상은 한국장애인고용촉진공단에 구직등록을 하고 취업알선서비스를 경험한 정신지체인들이다.

2. 직업유지

직업유지는 지역사회 내에서 일정기간 이상의 직업을 유지하면서 지역사회에 통합되는 과정을 말한다. 따라서 본 연구에서의 직업유지는 일반고용사업장에서 1개월 이상의 직업을 유지하고 있거나 혹은 1개월 이상에서 직업생활을 경험한 경우를 의미한다.

3. 직업유지 기간

직업유지 기간은 이직무경험자와 이직경험자에 대해 2002. 1. 1-2004. 4. 30까지의 기간 동안 최소한 1개월 이상 한 직장에서 직업을 유지한 기간을 개월 수로 합한 것을 의미한다. 현재 취업중인 자는 현 직장에서의 직업유지 기간을 말하고 이직경험이 있는 미취업자는 마지막으로 취업한 직장에서의 직업유지 기간을 말한다. 직업유지 기간과 관련된 선행연구(최희수, 1999; 이금진, 2000; 심경순, 1999)에서는 대부분이 조사기간 동안 이직경험 횟수에 관계없이 취업한 개월 수를 모두 합하여 직업유지 기간으로 보았다. 그러나 이러한 계측방법은 잦은 이직의 부정적인 요인을 통제하지 못하기 때문에 연구결과가 왜곡될 우려가 있다. 따라서 본 연구에서는 한 직장에서의 근무기간만을 직업유지 기간으로 하였다.

1) 이직무경험자

이직무경험자에 대한 직업유지 기간은 설문조사 시점에서 조사대상 기간(2002. 1~2004. 4) 동안 이직경험 없이 한 직장에서 계속적으로 직업을 유지한 기간을 의미한다. 따라서 이직무경험자는 조사대상 기간 동안 이직경험이 없는 자를 말한다.

2) 이직경험자

이직경험자에 대한 직업유지 기간은 설문조사 시점에서 조사대상 기간(2002. 1~2004. 4) 동안 최근의 마지막 직장에서의 직업유지 기간을 의미한다. 즉, 이직경험이 있는 미취업자는 이직한 마지막 직장에서의 직업유지 기간을 의미하고, 이직하였다가 재취업한 경우에는 현 직장에서의 직업유지 기간을 의미한다. 따라서 이직경험자는 조사대상 기간 동안 이직을 경험한 자를 말한다.

4. 이직경험 횟수

본 연구에서의 이직의 정의는 한 직장에서 다른 직장으로 이직하는 노동이동을 의미한다. 따라서 이직경험 횟수는 설문조사 시점에서 조사대상 기간(2002. 1~2004. 4) 동안 다른 직장으로 1회 이상 옮긴 횟수 전체를 합한 것을 의미한다.

따라서 이직경험 횟수는 2002. 1. 1-2004. 4. 30까지의 기간 동안 최소한 1개월 이상 직업을 유지하다가 이직한 횟수 전체를 합한 것으로 하였다. 즉, 이직경험 횟수는 한국 장애인고용촉진공단 원 자료(2002년 1월 1일~2004년 4월 30일)를 분석하여 '퇴사'란에서 퇴사의 수를 합한 것을 말한다.

5. 이직경험 유무

본 연구에서의 이직경험 유무는 설문조사 시점에서 조사대상 기간(2002. 1~2004. 4) 동안 한 직장에서 계속 직업을 유지한 경우를 '이직경험무'로 하고 다른 직장으로 1회 이상 직업을 옮긴 경우를 '이직경험유'로 정의한다.

제3절 측정방법 및 측정도구

1. 설문 평정자 간 신뢰도 검증

조사대상자에 대한 설문 평정자는 고용사업체의 작업지도원, 직업재활 실시기관의 사회복지사 등 복수로 구성되어 있다. 따라서 평정자가 상이함으로 인하여 평정의 일관성이 결여될 소지가 있어 작업지도원과 사회복지사 간의 상호관찰자 기법(interobserver reliability)을 활용하여 설문평정에 대한 신뢰도를 측정하였다. 상호관찰자 기법은 개별 관찰자 간에 얼마나 일관성이 나타나는지 혹은 얼마나 높은 상관관계가 있는지를 측정하는 것이다.

이를 위하여 취업중인 정신지체인 7명을 선정하였고, 이들을 서로 잘 파악하고 있는 2명의 평정자(고용사업체의 작업지도원, 직업재활 실시기관의 사회복지사)에게 의뢰하여 개념적, 사회적, 직업적 기술과 사회적 지지요인에 대한 평가를 실시하였다. 각 평정자의 평가결과를 토대로 하여 평정자 간 상관을 파악하여 신뢰도를 측정하였다.

측정결과 신뢰도는 전체 $r = .75(p < .01)$로 높게 나타났다. 이를 관찰자 간 상관이 높은 하위 요인의 순서별로 보면 개념적 기술($r = .91$, $p < .01$), 사회적 기술($r = .67$, $p < .01$), 사회적 지지($r = .57$, $p < .05$), 그리고 직업적 기술($r = .50$, $p = .08$) 등의 순으로 나타났다. 개념적 기술과 사회적 기술, 사회적 지지에 대한 결과는 상관과 신뢰도가 높게 나타났으나, 직업적 기술은 다소 낮게 나타났다. 이는 개념적 기술, 사회적 기술의 경우에는 언어, 수개념과 언어학습 능력, 이동능력, 금전관리 능력 등에 관한 수준을 측정하는 것으로서 이들 요인의 능력들은 정신지체인의 특성상 일정 이상의 교육이나 훈련을 받은 상태에서는 직업재활 실시기관에서의 훈련당시의 능력이나 취업 이후 직업현장에서의 능력 간에는 큰 차이가 나타나지 않았을 것으로 판단된다. 그러나 직업적 기술능력의 경우에는 직업재활 실시기관에서의 직업훈련 모습과 고용사업체에서의 직업생활에 대한 모습이 상이하고 그 역할이 다르기 때문에 평정자 간 결과에 있어서 다소나마 차이가 나타났다고 볼 수 있다.

2. 측정도구

본 연구에서 사용하는 주된 측정도구는 1999년 일본후생노동성 산하 일본장해자고용촉진협회[6]에서 개발한 척도(日本障害者雇用促進協會, 1999)

---

6) 일본장해자고용촉진협회는 1960년 신체장애인 고용촉진법이 제정된 후 사업주단체들이 장애인 고용활성화를 위하여 자발적으로 단체를 결성하여 1970년에 순수 민간의

를 활용하였다. 이 도구는 일본의 특수학교 고등부 3학년 담임교사 421명, 정신지체인 고용사업체 448개 소, 정신지체인 보호자 777명을 대상으로 한 설문조사에 사용한 도구이며, 척도는 정신지체인이 직업생활을 유지하는 데 영향을 미치는 요소를 14개 영역(일상생활, 직업생활, 협조성, 의사표시, 작업능력, 일반적 지식, 행동특성, 안전, 시간관리와 이해, 이동, 수개념, 가족지원, 언어학습, 금전관리)의 146항목으로 구성되어 있다. 5점 척도이며 조사도구의 신뢰도는 각 영역에서 Cronbach's Alpha 계수가 .80 이상으로 높게 나타났다.

이 도구를 본 연구자가 번안하여 본 연구의 틀에 맞도록 재구성하여 개념적 기술요인에 3개 영역에 31문항, 사회적 기술요인에 4개 영역에 31문항, 직업적 기술요인에 5개 영역에 39문항으로 설정하였다.

따라서 본 연구의 조사도구는 〈표 3-1〉와 같이 구성하였으며, 세부내용은 다음과 같다.

1) 일반적 특성요인

본 연구에서 조사대상자의 일반적 특성요인은 인구학적 요인 7문항(성별, 연령, 임금, 학교유형, 장애정도, 근무기간, 주거형태)과 사업체환경 특성요인 7문항(회사설립 연수, 작업지도원 유무, 복리후생 수, 주력업종, 종업원 수, 장애인 수, 근로시간)으로 구성하였다.

사단법인으로 출발하였다. 이후 1976년 신체장애인 고용촉진법에서 사업주에 대한 고용이 노력조항에서 고용의무조항으로 개정되면서 1977년 법에 의하여 노동성 산하의 특수공법인으로 설립되었다. 따라서 우리나라의 장애인고용촉진공단의 설립배경이 장애인당사자의 욕구에 바탕을 두고 있는 반면, 일본의 장해자고용촉진협회는 사업주의 장애인 고용의지의 발로에서 시작되었다고 볼 수 있다.
현재 일본 장해자고용촉진협회의 기관으로서는 본부, 장해자직업재활종합센터 1개 소, 장해자직업훈련원 3개 소, 지역장해자직업센터 53개 소를 운영하고 있다. 장해자고용촉진 등에 관한 법률에 의한 사업내용을 보면, 크게 사업주에 대한 시책(특정구직자고용개발조성금, 직업재활 전문가 고용관리 지원, 중증장애인 고용촉진 융자, 세제상 우대조치, 각종 조성금 지원 등)과 장애인에 대한 시책(취업알선, 공공직업훈련, 직장적응 훈련, 직업준비 훈련, 지원고용, 후견인제도 등) 등을 실시하고 있다.

2) 개념적 기술요인

개념적 기술은 직업생활에서 필요한 언어(수용과 표현언어), 수개념과 언어학습 능력, 시간개념을 의미한다. 개념적 기술요인에 대한 설문내용과 문항 수는 언어(수용과 표현언어)(10문항), 수개념과 언어학습 능력(12문항), 시간개념과 이해능력(9문항)으로 총 31문항으로 구성하였다. 이 경우 Likert방식에 의하여 '매우 아니다(1)', '아니다(2)', '보통(3)', '그렇다(4)', '매우 그렇다(5)'의 5점 척도를 이용하였다.

3) 사회적 기술요인

사회적 기술은 직업생활에서 요구되는 일상생활 능력, 안전에 관한 능력, 이동능력, 금전관리 능력을 의미한다. 사회적 기술요인에 대한 설문내용과 문항 수는 일상생활 능력(10문항), 안전에 관한 능력(5문항), 이동능력(7문항), 금전관리 능력(9문항)으로 총 31문항이다. Likert방식에 의하여 '매우 아니다(1)', '아니다(2)', '보통(3)', '그렇다(4)', '매우 그렇다(5)'의 5점 척도를 이용하였다.

4) 직업적 기술요인

직업적 기술은 직업생활에서의 직업생활 태도능력, 작업도구 수행능력, 작업동료와의 협조성, 직업적 행동특성 등을 의미한다. 직업적 기술요인에 대한 설문내용과 문항 수는 직업생활 태도능력(18문항), 작업도구 수행능력(6문항), 작업동료와의 협조성(9문항), 직업적 행동특성(6문항)으로 총 39문항이다. Likert방식에 의하여 '매우 아니다(1)', '아니다(2)', '보통(3)', '그렇다(4)', '매우 그렇다(5)'의 5점 척도를 이용하였다.

5) 사회적 지지요인

사회적 지지는 직업생활 시 제공받는 가족의 지지, 전문가(사회복지사, 직업재활상담사 등)의 지지를 말한다. 가족의 지지, 전문가 지지는 Vaux,

Riedel, Stewart(1987)가 개발한 사회지지 행동척도 45문항을 30문항으로 재구성한 심경순(2001)의 '사회환경적 요인'을 본 연구에 적합하게 15문항으로 재구성하였다. 심경순의 연구에서 신뢰도는 Cronbac' a=.89로 높게 나타났다. 각 문항은 Likert방식에 의하여 '매우 아니다(1)', '아니다(2)', '보통(3)', '그렇다(4)', '매우 그렇다(5)'의 5점 척도로 평가하였다.

<표 3-1> 조사도구 구성

변 수	하 위 변 인	문항 수(130)
일반적 특성	− 인구학적 요인 성별, 연령, 임금, 학교유형, 장애정도, 직업 전 직업재활 프로그램 유형, 주거형태 − 사업체 환경요인 회사설립 연수, 작업지도원 유무, 복리후생 수, 주력업종, 종업원 수, 장애인 수, 근로시간	14
개념적 기술	언어(수용과 표현언어)	10
	수개념과 언어학습 능력	12
	시간개념과 이해능력	9
사회적 기술	일상생활 능력	10
	안전에 관한 능력	5
	이동능력	7
	금전관리 능력	9
직업적 기술	직업생활 태도능력	18
	작업도구 수행능력	6
	작업동료와의 협조성	9
	직업적 행동특성	6
사회적 지지	가족의 지지	8
	전문가(직업재활 실시기관 사회복지사)	7

3. 척도의 타당도와 신뢰도

척도의 타당도를 높이기 위하여 정신지체 고용관련 실무자(정신지체 고용사업체 담당자 2인, 정신지체 직업훈련학교 교사 4인, 정신지체 부모 2인, 특수학교 고등부 직업교사 2인)를 대상으로 설문내용과 구성, 표현의 적절성에 관한 자문을 구하여 일부 수정하는 과정을 거쳤다. 또한, 이들을 대상으로 문항에 대한 설문조사를 하여 꼭 필요하지 않는 문항은 제외하였다.

이러한 과정을 거쳐 본 조사에 사용되는 척도에 대한 신뢰도를 검증하였다. 이를 위해 직업유지 중인 정신지체인 19사례에 대해 문항 간 내적 일치도를 보는 신뢰도 계수(Cronbach's Alpha)를 분석하였다. 〈표 3-2〉에서 알 수 있듯이 각 척도의 신뢰도를 검증하기 위해 알파계수 값을 검토한 결과 모두 .80 이상으로 나타났으므로 해당 문항들은 신뢰성이 있다고 판단할 수 있다.

<표 3-2> 조사도구의 신뢰도

변　인	하위 변수	문항 수	Alpha 계수
개념적 기술요인	언어(수용과 표현언어)	10	.8766
	수개념과 언어학습 능력	12	.9755
	시간개념과 이해능력	9	.8610
사회적 기술요인	일상생활 능력	10	.8503
	안전에 관한 능력	5	.8397
	이동능력	7	.9532
	금전관리 능력	9	.8689
직업적 기술요인	직업생활 태도능력	18	.9575
	작업도구 수행능력	6	.9187
	작업동료와의 협조성	9	.9037
	직업적 행동특성	6	.8352
사회적 지지요인	가족의 지지	8	.9294
	전문가 지지	7	.8805

4. 척도의 다중공선성 검증

본 조사에서 사용되는 척도에 대한 다중공선성을 검증하기 위해 직업유지 중인 정신지체인 19사례에 대해 분석하였다. 〈표 3-3〉에서 알 수 있듯이 변수 간 상관은 〈개념기술, 사회기술〉, 〈사회기술, 개념기술, 직업기술〉, 〈직업기술, 사회기술〉이 .50내외로 나타났다. 그러나 변수 간 상관이 .70 이상일 때에 다중공선성이 문제가 될 수 있으나 본 척도에서는 .50내외이기 때문에 큰 문제가 없는 것으로 분석된다. 한편으로는 사회기술은 개념기술에 기초한 것이며, 직업기술은 사회기술에 기초한 것이기 때문에 당연한 결과로 분석되나, 또한 사례 수가 적기 때문에 본 조사에서 사례 수를 늘리면 공선성은 더 낮아질 것으로 예측된다.

〈표 3-4 및 5〉에서는 종속변수인 직업유지 기간, 이직경험 횟수에서의 변수 간 다중공선성을 검증한 결과, 공선성 상태지수가 40~100 사이가 문제가 제기될 수 있으나, 본 척도에서는 collineatity diagnosis의 conditioin index가 30내외로서 큰 문제는 없는 것으로 나타났다.

〈표 3-3〉 변수 간 다중공선성 상관관계 확인

구 분		개념적 기술요인	사회적 기술요인	직업적 기술요인	사회적 지지요인
개념적 기술요인	Pearson Correlati	1.000	.553*	.190	−.156
	Sig. (2-tailed)	.	.014	.435	.523
	N	19	19	19	19
사회적 기술요인	Pearson Correlati	.553*	1.000	.553*	.149
	Sig. (2-tailed)	.014	.	.014	.543
	N	19	19	19	19
직업적 기술요인	Pearson Correlati	.190	.553*	1.000	.053
	Sig. (2-tailed)	.435	.014	.	.830
	N	19	19	19	19
사회적 지지요인	Pearson Correlati	−.156	.149	.053	1.000
	Sig. (2-tailed)	.523	.543	.830	.
	N	19	19	19	19

*. Correlation is significant at the 0.05 level (2-tailed)

〈표 3-4〉 직업유지 기간에서의 변수 간 다중공선성

Model Dimension	Eigenvalue	Condition Index	Variance Proportions				
			상 수	개념적 기술요인	사회적 기술요인	직업적 기술요인	사회적 지지요인
1	4.908	1.000	.00	.00	.00	.00	.00
2	4.975E-02	9.933	.01	.53	.00	.03	.04
3	2.708E-02	13.462	.03	.03	.01	.54	.11
4	9.625E-03	22.582	.11	.21	.86	.29	.01
5	5.287E-03	30.468	.85	.23	.12	.14	.84

a. Dependent Variable: 근무개월수-1

〈표 3-5〉 이직경험 횟수에서의 변수 간 다중공선성

Model Dimension	Eigenvalue	Condition Index	Variance Proportions				
			상 수	개념적 기술요인	사회적 기술요인	직업적 기술요인	사회적 지지요인
1	4.908	1.000	.00	.00	.00	.00	.00
2	4.975E-02	9.933	.01	.53	.00	.03	.04
3	2.708E-02	13.462	.03	.03	.01	.54	.11
4	9.625E-03	22.582	.11	.21	.86	.29	.01
5	5.287E-03	30.468	.85	.23	.12	.14	.84

a. Dependent Variable: 이직경험 횟수

제4절 조사대상 및 자료수집 방법

본 연구에서의 모 집단은 2002년 1월 1일부터 2002년 12월 31일까지의 1년 동안 한국 장애인고용촉진공단 13개 전국지사에서 취업알선서비스[7)]

---

7) 장애인에 대한 '취업알선서비스'는 직업재활 과정의 하나로서 '장애인 고용촉진 및

를 받은 정신지체인 1,240명[8] 전체로 설정하였다. 모 집단 대상자의 범위에서 장애인 직업재활시설[9]의 형태에서 근로하고 있거나 월 최저임금[10]에 미달되는 정신지체인은 조사표본에서 제외시키고 최종적으로 1,055명을 대상으로 조사를 실시하였다. 자료수집을 실시하기 전에 취업중인 정신지체인 19명에 대해 사전조사를 실시하고 척도의 신뢰도를 검증하여 설문지 일부분을 수정한 후 본 조사에 사용하였다.

본 연구의 자료수집은 우선, 조사대상자를 조사시점인 2004년 5월에 한국 장애인고용촉진공단의 관할 지사별로 구분한 다음 지사별 담당자를 선정하여 대상자 명단을 배포하였다.

다음으로는 공단의 관할 지사의 담당자가 배포된 명단에서 조사대상 범위 기간(2002. 1~2004. 4) 동안에 대상자의 취업여부를 확인하고, 본 연구대상에 해당하는 이직경험 유무자에 대해서만 사업체명, 작업지도원 유무, 연락처, 소재지 등을 파악하는 과정을 거쳤다.

마지막으로 조사대상 기간 동안 이직경험이 없는 이직무경험자와 현재 재취업중인 이직경험자에 대해서는 조사대상자가 속해있는 해당 사업체의 작업지도원을 대상으로 본 연구자와 공단의 담당자가 설문방법에 대한 교육을 실시한 다음 작업지도원이 대상자를 설문하면서 응답하는 방식을 취하였다. 작업지도원이 배치되어 있지 않은 사업체의 경우에는 대상자를 가장 잘 파

직업재활법' 제14조(취업알선 등)에 근거하고 있다. 관련법에 의하면 구인사업체의 고용정보를 바탕으로 구직을 희망하는 장애인에 대해 직업적성과 직업적 제 능력을 고려하여 적합한 직업으로 알선하는 행위로 규정되어 있다.

8) 조사대상자의 모 집단 1,240명에는 동일한 대상자가 취업알선서비스를 중복으로 받은 경우도 포함되어 있다. 즉 동일한 조사대상자가 1회 이상 취업알선서비스를 받은 경우에는 1명으로 계산하였다(실 인원으로 계산됨).

9) 장애인 직업재활 시설이라 함은 장애인복지법 제48조 3에서 규정한 '일반고용이 어려운 장애인이 특별히 준비된 작업환경에서 직업생활을 영위할 수 있도록 하는 시설'을 말한다.

10) 월 최저 임금은 2002년도를 기준으로 하였다. 이는 모 집단 대상자의 취업알선서비스를 받은 년도가 2002년도이기 때문이다. 따라서 월 최저 임금 421,490원(2001.9~2002.8), 474,600원(2002. 9 ~2003. 8) 이하 자는 조사대상 범위에서 제외하였다.

악하고 있는 작업반장이나 인사담당자를 통하여 조사하였다. 그러나 이직경험이 있는 현재 미취업자의 경우에는 신원이 파악되지 않거나 혹은 이직한 직장에서의 직업적 제 능력에 대한 설문조사가 불가피하여 대상에서 제외하였다. 따라서 조사대상은 조사대상 기간 동안 직업을 계속적으로 유지한 이직무경험자와 현재 재취업중인 이직경험자로 제한하였다.

이와 같은 방법으로 자료수집은 2004년 5월~8월초까지 약 4개월간 이루어졌으며, 총 656개의 설문지가 회수되었다. 그 중에서 모 집단의 조사대상에 포함되지 않는 설문지와 응답이 불완전한 설문지 259개를 제외하고, 397사례가 연구에 사용되었다. 연구에 사용된 사례를 구분하면, 한국 장애인고용촉진공단 13개 전국지사의 관할 사업체 118개 소로부터 이직무경험자 218사례, 현재 취업중인 이직경험자 179사례로 나타났다.

최종적으로 선정된 자료는 통계분석에 앞서 종단적 조사기법(longitudinal study)을 구사하였다. 즉, 한국 장애인고용촉진공단의 원 자료[11](2002년 1월~2004년 4월 기간의 정신지체인 취업알선서비스 결과 기록)를 활용하여 약 2년 동안의 식업유지 기간, 이직경험 횟수, 취업일자, 사업체규모, 직종 등을 중심으로 설문지에서 기입이 누락된 부분을 보완하고 확인·검증하는 단계를 거쳤다. 이와 같은 종단적 조사는 시간의 흐름에 따라 조사대상이나 상황의 변화를 측정하는 것으로서 동일 대상자를 추적해야 하기 때문에 비용이 많이 들고 현실적으로 어려운 점도 있으나, 대상자의 상황변화 또는 특정한 경향을 조사할 수 있다는 장점이 있다(김기원, 2001).

그 결과, 최종적으로 통계분석에 사용된 사례는 〈표 3-6〉과 같이 모 집

---

11) 한국 장애인고용촉진공단 13개 전국지사, 장애인직업학교 5개 소, 전국의 주요 장애인 직업재활 실시기관이 통일된 하나의 장애인 고용전산망을 통하여 구직 및 구인에 대한 직업재활서비스를 기록하고 사례관리를 하고 있다. 본 연구에서는 구직 및 구인등록자의 개인정보를 보호하기 위하여 최소한의 필요 항목(취업일자, 퇴사일자, 이직경험 횟수, 직업유지 기간, 사업체규모 ,주력업종 등)에 대해서만 원 자료를 활용하였고, 본 연구목적 이외에는 어떠한 용도로도 사용하지 않았음을 밝혀둔다.

단 1,055명 중 397사례로서 모 집단의 37.6%였다.

<표 3-6> 조사대상 분포 및 설문지 회수현황(단위: 명, %)

구 분	조사대상(배포 수)	회 수	최종분석 사례 수
전 체	1,055 (100.0)	656 (62.2)	397 (37.6)
강원지사	53	40	17
경기지사	95	35	20
경남지사	61	21	12
광주지사	87	51	31
대구지사	96	65	41
대전지사	82	45	21
부산지사	106	87	60
서울남부	110	84	61
서울지사	116	81	58
인천지사	81	45	21
전북지사	82	63	35
충북지사	65	39	20
제주지사	21	−	−

제5절 자료처리 및 분석방법

　본 연구에서는 총 조사대상자 수인 1,055명(2002년 취업알선서비스 경험자) 중에서 조사시점 현재 직업을 유지하고 있거나 이직경험자를 대상으로 설문조사를 실시하여 397명을 분석에 사용하였다. 이는 한국 장애인고용촉진공단의 2004년 2/4분기의 장애인 고용동향에서 밝힌 구직자 대비 취업률이 22.4%임을 감안할 때에 거의 전수조사에 가까운 수치이다(장애인 고용동향, 2004).

통상적으로 일반적 추론통계(inference statistics)에서는 전수조사보다는 표본조사를 실시하는 것이 원칙이나 본 연구조사에서는 전수조사의 성격에 가깝기 때문에 일반적인 통계적 추론이나 가정에 부합하지 않는 면이 있을 수 있다. 그러나 본 연구가 전수조사임에도 불구하고 추론적 통계의 성격을 다음과 같이 가질 수 있다.

첫째, 추론적 통계를 통하여 변수 간의 상대적 중요성을 파악할 수 있고, 아울러 추론적 통계가 뒷받침되면서 연구결과에 대한 해석을 명료하게 할 수 있다.

둘째, 우리나라의 정신지체인 취업알선서비스 제공기관은 한국 장애인고용촉진공단이 대표성을 띄고 있으나, 이밖에 장애인복지관, 장애인단체 및 시설 등에서도 이루어지고 있는 것이 현실이다. 그러므로 본 연구도 우리나라 전체의 정신지체인의 취업알선서비스를 고려한다면 하나의 표본조사 연구의 성격도 갖고 있다고 볼 수 있다. 그러나 전수조사의 성격에 가깝기 때문에 표본조사로서의 일반화의 한계도 갖고 있다.

이와 같은 통계적 유의미성을 바탕으로 하여 본 연구의 가설을 검증하기 위해 사용되는 통계적 분석방법은 다음과 같다(자료처리 SPSS PC+11.0 사용).

1. 기술적 통계분석

조사대상자의 인구학적 특성과 사업체환경 특성, 그리고 직업유지 기간과 이직경험 횟수, 이직경험 유무 등을 파악하기 위하여 빈도분석, 백분율, 전체 척도들의 평균 등을 실시하였다.

2. 일원변량 분석(One-Way ANOVA)과
단순상관 분석(Simple Correlation Analysis)

독립변수에 따른 직업유지 기간, 이직경험 횟수, 이직경험 유무의 차이와 상관을 파악하기 위하여 일원변량 분석(One-Way ANOVA)과 단순상관 분석(Simple Correlation Analysis)을 실시하였다. 특히, 중다회귀에서 일반적 특성이 직업유지 기간과 이직경험 횟수, 이직경험 유무에 주는 영향에 대한 검증이 되었음에도 불구하고 일반적 특성에 따른 직업유지 기간과 이직경험 횟수, 이직경험 유무의 차이에 대해 일원변량 분석(One-Way ANOVA)를 실시하여 중복통계 처리로 인한 가설검증의 비효율성이 제기될 수 있다. 그러나 중다회귀는 변인들 간의 공변량(covariance)과 상관(correlation)에 초점을 두는 반면, 변량분석은 변인들 간의 차이에 초점을 두고 있기 때문에, 본 연구에서는 다음과 같은 통계검증의 이점으로 인하여 통계분석을 실시하였다.

첫째, 변량분석을 통해 회귀분석에서 미처 발견하지 못했던 추가적인 새로운 사실들을 검증할 수 있다.

둘째, 회귀분석에서 비연속적 변인들을 더미변수로 변환하여 분석을 할 때 나타날 수 있는 검증의 한계를 보충하고 보다 명확하게 통계결과를 명시할 수 있다.

3. 중다회귀 분석(Multiple Regression Analysis: Enter
Method)과 로지스틱 회귀분석(Logistic Regression Analysis)

정신지체인의 직업유지에 영향을 미치는 요인들과 영향의 정도를 규명하기 위해 직업유지 기간, 이직경험 횟수에 대하여 중다회귀 분석을 실시하였고, 이직경험 유무에 대해서는 로지스틱 회귀분석을 실시하였다.

제4장 연구결과

제4장 연구결과

제1절 조사대상자의 일반적 특성

1. 조사대상자의 일반적 특성

본 연구의 소사대상사 397명에 대한 일반적 특싱은 〈표 4-1〉과 같다. 우선, 성별에서 남성이 전체의 70.0%에 해당하는 278명이며, 여성이 30.0%인 119명을 차지하여, 남성장애인이 여성장애인에 비해 경제활동 참여율이 2배 이상 높은 것으로 나타났다. 연령분포는 20대가 290명(73.0%)으로 가장 많고, 다음으로 30대가 74명(18.6%)으로서 2·30대가 가장 왕성하게 경제활동에 참여하고 있는 연령대임을 알 수 있다.

학교유형에서는 일반학교와 특수학교로 구분한 결과 일반학교 졸업자가 194명(48.9%)이고 특수학교 졸업자가 203명(51.1%)으로서 특수학교 졸업자의 비율이 다소 높았다. 장애등급은 3급이 191명(48.1%), 2급이 172명(43.3%), 1급이 34명(8.6%) 순으로 나타나 장애등급이 낮을수록 경제활동 참여율이 높게 나타났다.

주거형태는 가족과 동거가 292명(73.6%), 기숙사가 69명(17.4%), 시설 및 그룹홈이 28명(7.1%), 독거가 8명(2.0%)이었다. 주거형태에서 보이듯이 정신지체인의 경우에는 독립된 생활보다는 대부분이 가족과 함께 동거하는 것으로 나타났다. 이는 우리 사회의 전통적인 가족가치관이나 가족구조의 특성으로 인하여 부모나 가족들의 불안한 심리가 자녀를 독립생활이나 기숙사생활보다는 자신들과 함께 동거를 원하고 있기 때문인 것으로 해석된다. 한편 기숙사도 17.4%[12]를 차지하여 정신지체인은 독립생활이 어려울 것이라는 기존의 일반적인 견해와는 달리 독립생활에 가까운 기숙사생활도 가능하다는 것을 뒷받침해주고 있다.

조사대상자가 속한 고용사업체에서 조사대상자의 담당 직종을 살펴보면 단순생산직이 306명(77.1%), 단순노무직이 47명(11.8%), 서비스직이 44명(11.1%)으로 나타났다. 설문조사 과정에서 단순생산직과 단순노무직의 차이가 모호하여 경계선이 명확하지 않은 측면도 있으나 대부분이 단순한 직종에 종사하고 있는 것으로 나타났다.

조사대상자들의 평균임금은 60~69만 원이 201명(50.6%), 50~59만 원이 106명(26.7%), 70~79만 원이 56명(14.1%), 80만 원 이상이 34명(8.6%)으로서 2004년 상반기 근로자 월평균임금(215만 원)의 20~30%에 머물렀다(동아일보, 2004년 8월 30일자). 이와 같은 저임금은 취업한 정신지체인을 대상으로 직업생활상 애로사항에 관한 조사연구에서도 동일하게 나타났다. 즉, 정신지체인들이 직업생활을 유지하는데 가장 큰 어려움으로는 '낮은 수입'이 35.6%로 가장 높게 나타났다(한국정신지체인애호협회, 2003).

조사대상자의 고용사업체 규모에서는 근로자수가 50인 이하가 256명(64.5%), 51~100인이 79명(19.9%), 101인 이상이 62명(15.6%)으로서 조사대상자의 대부분이 100인 이하의 사업체에 취업한 것으로 나타났다.

---

12) 주거형태에서 기숙사생활자 69명에 대한 장애등급을 분석해보았다. 이는 기숙사생활이 가능한 경우에는 장애등급이 낮을 것이라는 일반적인 견해와의 차이를 확인해보기 위함이다. 분석결과 장애등급 1급 5명(7.2%), 2급 40명(57.9%), 3급 24명(34.8%)으로 나타났다. 따라서 장애등급 3급이 가장 높게 나타날 것이라는 예상과는 달리 2급에서 가장 높게 나타났다.

조사대상자가 취업하기 이전에 한국 장애인고용촉진공단 등 직업재활 실시 기관에서 받은 직업재활서비스 프로그램을 보면, 지원고용이 191명(48.1%), 상담 및 평가만이 71명(17.9%), 직업 전 준비훈련이 62명(15.6%), 특수 학교 전공과 훈련이 46명(11.6%), 공공직업 훈련이 27명(6.8%)으로 나타 났다[13]. 따라서 직업재활서비스 프로그램에서 지원고용 프로그램을 통한 취 업이 대상자 전체에서 약 절반을 차지함으로서 정신지체인의 취업을 위한 주 요 수단으로 지원고용이 활용되고 있음을 알 수 있다.

조사대상자가 속해있는 고용사업체의 장애인 근로자수는 10인 이하가 175 명(44.1%), 11~20인 사이가 82명(20.7%), 21인 이상이 140명(35.3%) 으로 나타나 적게는 1명에서 많게는 92명으로 나타났다.

조사대상자의 고용사업체에서 장애인 근로자를 위해 실시하고 있는 복리 후생서비스 수는 4~5개가 155명(39.1%), 6~7개가 151명(38.0%), 1~ 3개가 91명(22.9%)으로 나타나 절반 이상의 사업체가 환풍기, 휴게실, 통 근버스 등 4개 이상의 복리후생서비스를 제공하고 있는 것으로 나타났다.

고용사업체에서의 조사대상자의 근로시간은 8시간이 316명(79.6%), 8 시간 초과가 61명(15.4%), 7시간 이하가 20명(5.0%)으로서, 대부분이 정규 근로시간의 형태에서 근로하고 있는 것으로 나타났다.

조사대상자의 고용사업체에 취업한 장애인들이 직업생활에 안정을 기할

---

13) 직업재활서비스 프로그램의 종류에서 ①지원고용이란 1970년 중반에 미국에서 발 달장애인들을 대상으로 사업체에서 선 배치-후 훈련 방식으로 개발된 프로그램이 며, 한국에서는 1990년 중반에 도입되어 정신지체인을 비롯한 중증장애인들의 고 용을 위한 주된 프로그램으로 자리매김되고 있다. 여기에서 말하는 선 배치-후 훈련의 방식이란 기존의 직업재활프로그램인 선 훈련-후 배치 모델과는 반대되는 개념으로 먼저 사업체에 배치한 후 직업기능을 향상시켜 고용으로 연계하는 것을 말한다. 이러한 모델의 장점은 정신지체인과 같이 한 세팅에서 학습된 행동을 다른 세팅에서 일반화하기 어려운 지적 측면의 장애인에게는 직업재활프로그램으로서는 적합하다고 볼 수 있다. ②직업 전 준비훈련은 취업 이전에 직업재활 실시기관에서 작업기능, 대인관계 등 작업기술과 대인관계 기술을 배양하는 프로그램이며, ③특수 학교 전공과 교육은 고등부 3년 과정을 마치고 별도의 1년 과정의 직업훈련 과정을 말한다. ④상담 및 평가는 모든 종류의 직업재활서비스 프로그램에 필수사항으로 적 용되고 있다.

수 있도록 작업지도를 담당하는 작업지도원 유무에서는 작업지도원 '있다'가 264명(66.5%), '없다'가 133명(33.5%)으로 나타났다. 대부분의 사업체에서 정신지체인의 고용관리를 위하여 작업지도원14)을 선임하여 배치하고 있는 것으로 나타난 것은 정신지체인의 직업특성상 정신지체인의 직무지도 및 생활지도에 조력자가 필요함을 보여주고 있다.

〈표 4-1〉 조사대상자의 일반적 특성(단위: 명, %)

항 목	범 주	빈 도	계
성 별	남	278(70.0)	397(100.0)
	여	119(30.0)	
연 령	10대	14(3.5)	397(100.0)
	20대	290(73.0)	
	30대	74(18.6)	
	40대 이상	19(4.8)	
학교유형*	일반학교	194(48.9)	397(100.0)
	특수학교	203(51.1)	
장애등급	1급	34(8.6)	397(100.0)
	2급	172(43.3)	
	3급	191(48.1)	
주거형태	가족과 동거	292(73.6)	397(100.0)
	독 거	8(2.0)	
	시설 및 그룹홈	28(7.1)	
	기숙사	69(17.4)	
직 종	단순생산직	306(77.1)	397(100.0)
	단순노무직	47(11.8)	
	서비스직	44(11.1)	

---

14) 작업지도원이라 함은 '장애인 고용관련 특별비용 지원기준'('97. 3. 8시행)에 의거하여 정신지체인을 고용한 사업주가 정신지체인의 작업지도를 위한 작업지도원을 배치할 경우 정신지체인 5명당 1명의 작업지도원에 대해 정부가 월 50만 원의 수당을 사업체에 지급하고 있다.

항 목	범 주	빈 도	계
평균임금	50-59만 원	106(26.7)	397(100.0)
	60-69만 원	201(50.6)	
	70-79만 원	56(14.1)	
	80만 원 이상	34(8.6)	
종업원 수	50인 이하	256(64.5)	397(100.0)
	51~100인	79(19.9)	
	101인 이상	62(15.6)	

* 학교유형에서 일반학교는 일반 초중고와 일반학교내 특수학급을 포함한다.

〈표 4-1에서 계속〉 조사대상자의 일반적 특성(단위: 명, %)

항 목	범 주	빈 도	계
입사 전 직업재활프로그램 유형	지원고용	191(48.1)	397(100.0)
	직업 전 준비훈련	62(15.6)	
	상담 및 평가	71(17.9)	
	특수학교 전공과	46(11.6)	
	공공직업 훈련	27(6.8)	
장애인 수	10인 이하	175(44.1)	397(100.0)
	11~20인	82(20.7)	
	21인 이상	140(35.3)	
복리후생[*]	1~3개	91(22.9)	397(100.0)
	4~5개	155(39.1)	
	6~7개	151(38.0)	
근로시간	7시간 이하	20(5.0)	397(100.0)
	8시간	316(79.6)	
	8시간 초과	61(15.4)	
작업지도원	있음	264(66.5)	397(100.0)
	없음	133(33.5)	

* 복리후생: 기숙사, 환풍기, 식당, 휴게실, 통근버스, 상여금 및 퇴직금, 간식

2. 조사대상자 고용사업체의 일반적 특성

본 연구에서 조사대상자가 속한 고용사업체의 일반적 특성을 살펴본다는 것은 다음과 같은 의의를 지닌다. 우선, 조사대상자가 속한 고용사업체의 특성을 파악함으로써 장애인 직업재활 실시기관에서 구직을 희망하는 정신지체인에 대하여 구인업체를 개발하거나 적합직종을 탐색하는 데 유용한 자료로 활용될 수 있고, 다음으로는 직종을 탐색한 후 직무조사를 하고 적합한 직무에 배치하는 데 중요한 단서를 제공해줄 수 있다. 따라서 본 항에서는 조사대상자 전체 397명이 속한 고용사업체 118개 소를 대상으로 설립연수, 주력업종, 종업원 수, 장애인 수, 작업지도원 유무, 복리후생시설 수, 4대보험 현황 등을 중심으로 분석하였으며, 이에 대한 결과는 〈표 4-2〉와 같다.

조사대상자 고용사업체의 설립연수는 1년~5년이 36개 업체(30.5%), 6년~10년이 53개 업체(44.9%), 11년~20년이 21개 업체(17.8%), 21년 이상이 8개 업체(6.8%)로 나타났다. 이는 정신지체인을 고용하고 있는 사업체의 75.4%가 10년 이내에 설립되었음을 알 수 있고 또한, 비교적 최근에 설립된 사업체일수록 정신지체인의 고용이 활발함을 보여주고 있는데, 이는 근간의 장애인 고용, 특히 중증장애인의 직업적 능력에 대한 인식개선이 많이 이루어지고 있음을 보여 준다.

조사대상자의 고용사업체가 생산하는 주력업종은 의류, 신발 등의 섬유생산이 23.8%로 가장 많고, 다음이 전자부품 조립 및 생산이 15.3%, 기계부품 조립 및 생산이 14.5%, 종이·박스 조립 및 생산이 9.3% 순으로 나타났다. 주력업종을 크게 생산직종(기계·전자·의류 등)과 서비스직종(외식업, 청소용역, 주유판매 및 세차, 간병)으로 구분하였을 때, 생산직이 87.4%를 차지하고 있고, 서비스직은 12.6%로 나타났다. 따라서 정신지체인의 고용은 단순 생산직이나 단순 서비스직에서 활발히 이루어지고 있음을 알 수 있다. 이러한 연구결과는 국내의 엄승연(1997), 박윤영(1997)의 연구에서도 유사

하게 나타났다. 또한, 국외의 연구에서도 일본장해자고용촉진협회가 2000년
도에 정신지체인을 고용하고 있는 사업체의 업종을 조사한 결과에 의하면 제
조업 60.7%, 서비스업 25.8%, 도소매업 7.0%(日本障害者雇用促進協會,
2001)로서 생산직에서 높게 나타났다. 이와 관련하여 道脇正夫(1997)는
교육가능 정신지체인에 대해 직업재활 훈련이 제대로 실시되면 생산직 형태
의 반숙련이나 비숙련 작업에서 80% 이상이 자립할 수 있다는 연구결과를
발표하였다.

이러한 경향은 사업주의 의식에서도 확인할 수 있다. 日本 大阪府(오사
카부) 노동직업대책과에서 정신지체인을 고용하고 있는 사업주를 대상으로
한 조사에서 보면, 정신지체인을 고용할 때에 어떠한 직무에 배치를 하는가
라는 설문에서 '간단한 직무에 배치한다' 80.2%, '기능이나 기술을 습득할
수 있는 직무에 배치한다' 43.7%, '정신지체인에게 적합한 직무를 개발하여
배치한다' 32.5%로 각각의 복수응답에서 나타났다(日本 大阪府 勞動職業
對策課, 1996). 즉, 대부분의 사업주는 정신지체인의 능력을 평가하고 측
정한 다음 능력에 적합한 식무에 배치하는 것이 아니라 처음부터 단순직종
을 염두에 두고 채용하고 있는 것으로 해석된다.

조사대상자 고용사업체의 종업원 수는 50인 이하가 80개 업체(67.8%),
51~100인이 26개 업체(22.0%), 101인 이상이 12개 업체(10.2%)로
나타났다. 이들 사업체의 장애인 수는 10인 이하가 56개 업체(47.5%)로 가
장 많고, 11~20인이 35개 업체(29.6%), 21인 이상이 27개 업체(22.9%)
로 나타났다.

조사대상자 고용사업체의 작업지도원 유무에서는 '있음'이 79개 업체
(66.9%), '없음'이 39개 업체(33.1%)로 대부분의 사업체에서 작업지도원을
선임하고 있는 것으로 나타났다. 복리후생시설의 수는 1~3개가 33개 업체
(28.0%), 4~5개가 50개 업체(42.3%), 6~7개가 35개 업체(29.7%)로
나타났으며, 4대보험 가입에서는 96.6%에 해당하는 대부분의 사업체가 4
대보험에 가입되어 있는 것으로 나타났다.

 이상에서 밝혀진 것과 같이 조사대상자가 속한 고용사업체의 특성에서 알 수 있는 것은 회사설립 연수는 10년 이내가 많고, 주력업종은 생산직종과 서비스직종이며, 전체 종업원 수 는 50인 이하가 많고 장애인 수는 대부분 20인 이하로 고용되어 있는 것으로 나타났다. 따라서 정신지체인의 고용은 장애인 의무고용사업체의 장애인 고용률[15]이 2003년 12월말 현재 1.08% 임을 감안할 때, 의무고용사업체에 비해 비의무고용사업체이면서 종업원 수의 규모가 작고 생산직종의 사업체에서 활발히 이루어지고 있음을 알 수 있다. 그러나 이러한 정신지체 고용사업체의 특성은 앞의 서론의 문제제기에서 밝힌 단기간 내의 장애인의 퇴사율이 생산직종에서 높게 나타나고, 또한 50인 미만 사업체가 퇴사자의 절반을 차지한 것을 감안하면 우려되는 대목이다. 즉, 본 연구결과에서 나타난 정신지체인 고용사업체의 특성은 정신지체인의 이직이 높고 직업유지에 어려움이 있는 것으로 밝혀졌다.

 그럼에도 불구하고 정신지체인을 고용하고 있는 사업체가 설립연수가 짧고 소규모이면서 생산직종에서 많이 나타난 것은 사업주에 대한 정부의 지원제도 측면에서 해석할 수 있다. 즉, 조사대상자들이 취업할 당시(2002년도) 및 직업이 유지되던 기간(2002년~2003년)에 고용 장려금 지급단가[16]가 정신지체인의 경우 최대 474천 원에서 711천 원까지 지급됨으로써 이들이 받은 평균임금보다 지급되는 장려금이 많아 낮은 생산성에도 불구하고

---

15) 장애인 고용촉진 및 직업재활법 제24조(사업주의 장애인 고용의무)에서는 '상시 50인 이상의 근로자를 고용하는 사업주는 그 근로자의 총수의 100분의 5의 범위 내에서 대통령령이 정하는 비율 이상에 해당하는 장애인을 고용하여야 한다'라고 규정되어 있다(개정 2004. 1. 29). 참고로, 2003년 기준 상시근로자 300인 이상의 고용의무사업체는 2,141개 소(고용률 1.08%), 국가 및 지방자치단체는 86개 기관(고용률 1.87%)로 나타났다.

16) 고용 장려금 지급은 장애인 고용촉진 및 직업재활법 제26조(장애인 고용 장려금의 지급기준)에 의하여 장애인의 고용촉진과 직업안정을 위하여 의무 고용률(2%)를 초과하여 장애인을 고용하는 사업주에게 장애인 고용에 따른 소요비용을 보전하기 위한 것으로 만들어진 제도이다. 적용시점이 2001년 1월 1일~2003년 12월 31일까지의 장려금 지급기준을 보면 의무고용률 초과 인원에 대해 매월 경중 남성장애인 474천 원, 경중 여성장애인 592천 원, 중증 남성장애인 711천 원, 중증 여성장애인 829천 원이다.

임금보전이 가능하였기 때문에 소규모사업장에서 정신지체인의 고용이 용이
했을 것으로 예측된다. 이는 사업체의 규모가 작고 생산업체인 경우에는 비
장애인에 대한 구인난이 심하기 때문에 다른 장애유형에 비해 취업이 어려
운 정신지체인의 채용이 용이하기 때문이다. 그러나 2004년 1월에 법개정
으로 고용 장려금 지급단가[17]가 최대 300천 원까지 축소됨으로써 향후 정
신지체인 및 중증장애인[18]의 고용에 어려움이 발생하리라는 논란이 일고
있다. 따라서 향후 후속연구로서는 고용 장려금 지원제도와 지원금 축소가
정신지체인의 취업과 직업유지에 어떠한 영향을 미치고 있는지에 대한 연구
도 이루어져야 할 것이다.

　마지막으로 정신지체인을 고용하고 있는 사업체는 정신지체인의 고용관리의
특성상 대부분의 사업체가 작업지도원을 선임하여 배치하고 있고, 아울러
근로자의 고용안정을 위하여 4대보험에 가입되어 있는 것으로 나타났다. 이
에 대해 예측할 수 있는 것은 작업지도원 선임과 관련해서는 작업지도원을
선임 시에는 정부에서 지원되는 수당이 요인이 될 수 있고, 4대보험과 관련
해서는 정신지체인이 고용되는 가장 큰 방법은 지원고용이고 지원고용을 실
시할 수 있는 사업체가 되기 위해서는 4대보험 가입이 필수이기 때문이다.

---

17) 2004년 1월 법개정으로 고용 장려금의 지급단가가 축소되었다. 개정된 고용 장려
　　금의 지급단가 기준(적용기간:2004년 1월 이후~개정까지)을 보면, ʻ매월 장려금
　　지급 대상인원이 매월 상시근로자 총수의 100분의 30 이하인 인원의 경우ʼ에는 경
　　증 남성장애인 300천 원, 경증 여성장애인 375천 원, 중증 남성장애인 375천 원,
　　중증 여성장애인 450천 원이며, ʻ매월 장려금 지급 대상인원이 매월 상시근로자 총
　　수의 100분의 30을 초과한 인원의 경우ʼ에는 경증 남성장애인 400천 원, 경증 여
　　성장애인 500천 원, 중증 남성장애인 500천 원, 중증 여성장애인 600천 원이다.
18) 장애인 고용촉진 및 직업재활법 시행규칙 제2조(중증장애인의 기준)에 의하면 ʻ장
　　애인복지법상의 장애등급이 2급 이상이거나, 혹은 장애등급 3급에 해당하는 자로
　　서 정신지체인, 발달장애인, 시각장애인, 뇌병변장애인, 정신장애인, 심장장애인
　　및 상지에 장애가 있는 지체장애인 등을 중증장애인으로 규정하고 있다.

〈표 4-2〉 조사대상자 고용사업체의 일반적 특성

항 목	범 주	빈도(개 소)	백분율(%)
	계	118	100
설립 연수	1~5년	36	30.5
	6~10년	53	44.9
	11~20년	21	17.8
	21년 이상	8	6.8
주력업종[*]	의류, 신발, 가방, 장갑, 우산 등 섬유생산	28	23.8
	전자부품 조립 및 생산	18	15.3
	기계부품 조립 및 생산	17	14.5
	종이, 박스 조립 및 생산	11	9.3
	문구, 완구용품 조립 및 생산	9	7.7
	자동차부품 조립 및 생산	7	5.9
	패스트푸드, 뷔페 등 외식업체	7	5.9
	청소용역 업체	4	3.4
	김치, 김 등 식품가공 업체	4	3.4
	세탁업체	3	2.5
	주유판매 및 세차	3	2.5
	플라스틱, 고무제품 생산	3	2.5
	공예품, 도자기 생산	2	1.7
	가구생산	1	0.8
	노인병원내 간병	1	0.8
종업원 수	50인 이하	80	67.8
	51~100인	26	22.0
	101인 이상	12	10.2
장애인 수	10인 이하	56	47.5
	11~20인	35	29.6
	21인 이상	27	22.9
작업지도원	있음	79	66.9
	없음	39	33.1

항 목	범 주	빈도(개 소)	백분율(%)
	계	118	100
복리후생시설 수	1~3개	33	28.0
	4~5개	50	42.3
	6~7개	35	29.7
4대보험 수	0개	1	0.8
	1개	1	0.8
	2개	2	1.7
	4개	114	96.6

* 주력업종에서 관련업종은 합하여 계산함. 예)종이제품생산, 복사용지생산

제2절 개념적·사회적·직업적 기술 및 사회적 지지에 대한 평균분포와 집중경향치

1. 개념적·사회적·직업적 기술 및 사회적 지지에 대한 평균분포

본 항에서는 독립변수 중에서 일반적 특성을 제외한 개념적·사회적·직업적 기술 및 사회적 지지의 하위 변인에 대한 평균분포를 살펴보고자 한다. 본 연구에서의 독립변수는 일반적 특성요인, 개념적 기술요인, 사회적 기술요인, 직업적 기술요인, 사회적 지지요인으로 구성되어 있고 하위 변수로는 15개요인, 130개 문항으로 구성되었다. 변수의 측정에 따른 항목은 1점에서 5점까지 분포하고, 1점에 가까울수록 기능수준이 낮으며 5점에 가까울수록 기능수준이 높은 것을 의미한다. 이에 대한 결과를 살펴보면 〈표 4-3〉와 같다.

조사대상자 397명의 직업적 제 능력의 전체 기능수준은 평균 3.6124점(표준편차 .5810)으로 중간 이상이며, '작업도구 수행능력' 영역이 3.0916점(표준편차 .6648)으로 가장 낮고 '직업적 행동특성'이 4.2473점(표준편차 .6148)으로 가장 높게 나타났다.

평균점수가 가장 낮게 나타난 '작업도구 수행능력'에 관한 척도 내용은 작업내용과 작업순서를 얼마나 잘 이해하는지 그리고 작업도구나 재료들을 얼마나 잘 사용하는지에 대한 수준을 측정하는 것으로서, 이는 정신지체인의 일반적 특성에서 단기 기억력이 낮고, 일반인에 비해 손 기능과 신체적 민첩성이 떨어지는 경향(한국 장애인고용촉진공단, 2000)이 있기 때문에 나타난 결과로 해석할 수 있다. 또한, 이와 같은 결과는 Michael(1987)이 정신지체인 고용사업주를 대상으로 한 직업생활능력 조사에서 정신지체인은 '작업이 늦고 작업기능을 늦게 배운다'라는 선행연구를 지지한 결과이다.

반면에, 가장 높게 나타난 평균점수는 '직업적 행동특성'이었다. 이는 직업적 행동특성, 즉 정서의 불안, 난폭성, 감정조절의 여부에 대한 수준을 측정하는 것으로서, 행동과 정서적 측면의 장애와 관련이 있다고 볼 수 있다. 특히, 행동과 정서적 장애와 관련해서는 정신지체보다는 발달장애(자폐)에서 상동증, 과잉운동증, 공격적인 행동, 자해적인 행동 등의 행동장애가 동반되는 특징이 있다(原井利夫, 1989). 이와 관련하여 關雄之(1997)는 정신지체인은 정서의 안정면에서 예기치 못한 상황이 닥치면 어찌할 바를 모르고 불안한 정서상태를 보이지만, 역으로 고용주가 자신을 마음에 들어하는 것을 알게 되고, 사업주가 세심한 지도를 하게 되면 그에게 강한 충성심이나 애정을 가지면서 정서적으로 안정적인 직업생활이 가능하다고 하였다.

이상의 분석결과에서 알 수 있는 것은 조사대상자의 대부분이 직업생활 영역에 대한 능력이 평균점수 이상의 수준을 갖고 있는 것으로 나타났다. 특히, 사업체 현장에서 직접적인 직업기술과 관련된 직업적 행동특성, 작업동료와의 협조성, 직업생활 태도의 기능에서는 평균 이상으로 높았으며, 일상생활 측면인 금전관리 능력, 시간개념 및 이해능력, 수개념과 언어학습의 기능에서는 평균 이하의 점수로 나타났다.

<표 4-3> 개념적·사회적·직업적 기술 및 사회적 지지에 대한 평균분포

	변 인	N	M	SD	최소값	최대값
개념적 기술	언어(수용과 표현)	397	3.4254	.6553	1.00	5.00
	수개념과 언어학습	397	3.2437	.7947	1.00	5.00
	시간개념과 이해	397	3.4959	.6847	1.78	5.00
	평 균	397	3.3884	.6186	1.84	4.85
사회적 기술	일상생활 능력	397	3.5715	.6026	2.00	5.00
	안전에 관한 능력	397	3.5728	.7209	2.00	5.00
	이동능력	397	3.7668	.7531	2.00	5.00
	금전관리	397	3.1837	.6343	1.00	4.89
	평 균	397	3.5245	.5558	2.32	4.97
직업적 기술	직업생활 태도	397	3.9923	.5877	2.06	5.00
	작업도구 수행능력	397	3.0916	.6802	1.83	5.00
	작업동료 협조성	397	3.9958	.7473	1.89	5.00
	직업적 행동특성	397	4.2473	.6148	1.50	5.00
	평 균	397	3.8318	.5700	2.06	5.00
사회적 지지	가족의 지지	397	3.6615	.7165	1.00	5.00
	전문가 지지	397	3.7481	.7346	1.00	5.00
	평 균	397	3.7048	.5795	2.00	5.00

2. 개념적·사회적·직업적 기술 및 사회적 지지에 대한 집중경향치

본 연구에서는 개념적·사회적·직업적 기술 및 사회적 지지에 대해 조사 대상자들이 답한 전체 문항 가운데 집중경향치가 있는 문항을 중심으로 분석하였다. 이는 본 연구에서 측정한 문항의 내용들이 정신지체인의 개념과 직업적 특성을 바탕으로 하고 있기 때문이며 아울러 집중경향치를 보이고 있는 문항을 살펴보는 것은 다음과 같은 의의가 있다. 우선, 이론적 배경에서 밝혀진 정신지체인의 개념과 특성이 집중경향치가 있는 문항에서 나타난 내용과 일치 내지 차이를 보이는지 검증해 볼 수 있으며, 다음으로는 선행연구에서 밝혀지지 않은 정신지체인의 특성을 이론적 측면에서 새롭게 발견해낼 수 있기 때문이다.

이를 위해 〈표 4-4〉와 같이 조사대상자들이 응답한 각 문항의 결과에서 대상자 전체의 빈도가 '아니다' 이하와 '그렇다' 이상에서 70% 이상의 결과로 나타난 문항을 집중경향치가 있는 것으로 규정하고, 이들 문항만을 분석하였다.

우선, 문항의 척도에서 '아니다'와 '매우 아니다'를 합하여 조사대상자들의 전체 평균점수가 70% 이상으로 기능이 낮게 나타난 문항은 2개 문항으로서 직업생활 태도요인의 10번 문항(78.9%) '스스로 생각하면서 창의적으로 일한다'와 일상생활 능력요인의 9번 문항(74.3%) '최소한의 위급상황에서 자신 그리고 다른 사람에게 응급처치를 실시한다'로 나타났다. 이와 같은 결과는 박희찬(1994)의 연구에서도 나타났듯이 정신지체인은 작업과 관련하여 비장애인에 비해서 일정한 시간이 지남에 따라 습득한 기술에 대한 망각의 비율이 높고, 종합사고력이 부족하여 재활프로그램에서 배운 기술을 실제 작업환경에서 응용할 수 있는 능력이 부족하다는 선행연구와 일치한다. 또한, 일상생활 능력요인의 9번 문항과 관련해서는 동료직장인과의 관계에서 협력적 작업행동이나 인관관계를 형성하거나 유지하기 또는 협조에 대한 인식이 부족하다(Brickey et al, 1985: 허경아, 1999: 재인용)는 선행연구를 지지하는 결과이기도 하다.

이와는 반대로 문항의 척도에서 '그렇다'와 '매우 그렇다'를 합하여 조사대상자들의 전체 평균점수가 70% 이상의 높은 기능수준을 보인 문항은 전체 문항 중 20문항이었다. 이에 대한 분석결과를 보면, 조사대상자들의 대부분이 시간개념에서 날짜와 요일, 휴일 등을 구분할 수 있었으며, 일상생활에서는 양치질이나 수저사용 등 기본적인 일상생활의 매너에 대한 능력을 갖추고 있었다. 직업생활 태도와 관련해서는 작업장 주변의 정리정돈, 출퇴근 준수, 인사성 등의 기본적인 직업태도 능력을 갖추고 있었으며, 직업적 행동특성에서는 난폭한 행동, 반항적인 태도 등 공격적인 행동은 나타나지 않았다. 이와 같은 결과는 Klein(1986)이 정신지체인의 이직 원인으로써 부적절한 사회적 행동과 불성실한 출근율을 제시한 연구와는 상반된 결과로 볼 수 있으며, 이청자(1998)의 연구에서 정신지체인의 직업적응을 어렵게 하는 요인으로 주의산만, 자해행위, 공격적 행동과도 다른 결과를 보여주고 있다. 즉, 본 연구결과에서는 대부분의 조사대상자들에게서 불성실한 출퇴근 태도와 공격적인 행동 등은 나타나지 않았다.

그럼에도 불구하고 정신지체인을 고용하고 있는 사업주를 대상으로 사업주가 정신지체 근로자에 대해 일상적인 지도내용과 관련한 설문조사에서는 복수응답 결과 '인사성 지도' 84.1%, '복장청결 지도' 73.8%, '지각과 결근 지도' 69.8%, '혼자 활동금지 지노' 66.7%로 나타났다(日本 大阪府 勞動職業對策課, 1996). 즉, 사업주들은 작업장에서 정신지체인에 대한 일상적인 지도에서 인사성, 복장청결, 지각과 결근지도 등에 할애하고 있는 것으로 나타났다. 이는 본 연구의 결과에 의하면 사업주가 정신지체인의 일상생활 능력에 대한 평가와 정신지체인 자신이 갖추고 있는 일상생활 능력과는 괴리감을 보이고 있는 것으로 해석된다.

그러나 전체 조사대상자의 89.7%가 '그렇다'로 답한 직업생활 태도요인의 17번 문항의 '반복작업에 잘 적응한다'라는 결과는 정신지체인의 직업적 특성에서 장점과 일치하는 대목이다. 北拓淸司(2000)는 정신지체인은 일반적으로 우호적 또는 적대적 환경에 대한 감수성이 매우 뛰어나고, 작업현장에서는 단순반복 작업에 잘 적응하는 경향이 있다고 밝히고 있다. Loutti(1986)도 정신지체인의 경우 단순반복적인 일에 오히려 비장애인보다 잘 적응한다고 밝히면서, 적합직종으로 가벼운 물건운반하기, 사포질,

쓰레기 치우기, 종이상자 만들기, 완구나 전자부품 조립하기, 봉제보조 등을 제시하였다(이성규, 2000).

이상과 같은 분석결과가 주는 함의는 다음과 같다.

첫째, 선행연구에서 이론적으로 나타난 정신지체인의 특성을 설문응답의 결과에서도 재차 확인함으로써 이론의 타당성을 강화할 수 있다는 것이다. 즉, 대부분의 조사대상자가 단순반복적인 작업에는 잘 적응하는 반면, 창의적인 작업이나 위급상황에 대한 대처능력은 부족하다는 결과는 선행연구에서 나타난 직업적 특성과 일치하는 결과이다.

둘째로 본 연구의 설문결과에서 나타난 이직무경험자와 이직경험자의 특성이 선행연구에서 나타난 특성과는 다른 결과를 보여줌으로써 장애인 직업재활 실시기관에서 장애인의 고용과 직업유지서비스를 제공할 때에 또 다른 기준을 적용할 수 있다는 중요한 단서를 제공할 수 있다. 즉 선행연구에서는 정신지체인의 직업적 특성에서 일상생활 능력과 직업태도 부족, 정서불안과 감정적 태도 등을 들고 있으나, 본 연구결과에서는 일상생활 능력 가운데 요일과 날짜, 휴일과 근무일 구분, 작업장 정리정돈, 회사규칙 준수 등 기본적인 능력은 갖추고 있는 것으로 밝혀졌다. 이에 이러한 직업적 장점들은 직업재활프로그램 제공 시에 최대한 반영할 필요가 있을 것이다.

셋째, 향후 이와 유사한 후속연구에서는 본 연구에서 사용한 조사척도 중에서 집중경향치가 높게 나타난 문항들은 사전에 제외하는 것이 바람직하다. 이는 당연한 결과로 나타날 수 있는 문항을 제외함으로써 연구결과의 유용성을 높일 수 있기 때문이다.

〈표 4-4〉 개념적·사회적·직업적 기술 및 사회적 지지에 대한 집중경향치

(단위: %)

변 인	항 목	매우 아니다	아니다	보통	그렇다	매우 그렇다
시간1	출근일과 휴일을 구분한다..	0.3	2.5	14.9	*54.2*	*28.2*
시간2	오늘의 날짜와 요일을 안다.	0.5	8.1	20.2	*47.1*	*24.2*
일상2	하루에 한번 이상 양치질을 한다.	0.5	4.3	21.4	*53.1*	*20.7*
일상5	적절한 식탁예절로 수저, 그릇들을 사용한다.	0.0	2.8	20.2	*58.2*	*18.9*
이동1	직장이나 집 가까이에 지하철역이나 버스정거장, 파출소 등이 있는 것을 안다.	0.3	4.8	18.6	*54.2*	*22.2*
금전2	자동판매기를 이용할 수 있다.	0.5	4.8	18.1	*55.9*	*20.7*
직업태도1	자기의 것과 타인의 것을 구별한다.	0.3	0.5	9.6	*50.4*	*39.3*
직업태도2	회사의 비품이나 도구 등을 사용하면 반드시 자리에 올려놓는다.	0.3	3.5	17.4	*46.9*	*32.0*
직업태도4	작업장 주변의 정리 정돈을 잘 한다.	0.3	3.5	18.1	*44.8*	*33.2*
직업태도5	회사의 규칙이나 약속을 잘 지킨다.	0.0	2.0	13.9	*50.6*	*33.5*
직업태도6	출퇴근 시간을 잘 준수한다.	0.0	1.0	9.6	*47.1*	*42.4*
직업태도7	자기생각과 달라도 작업지시에 잘 따른다.	0.3	2.8	15.1	*49.4*	*32.5*
직업태도17	반복작업에 잘 적응한다.	0.3	2.5	7.9	*46.9*	*42.8*
작업동료 협조성1	출퇴근 시에는 동료들에게 인사를 잘 한다.	0.0	4.3	18.9	*48.6*	*28.2*
작업동료 협조성6	혼자서 맘대로 행동하지 않는다.	0.3	2.0	18.6	*48.1*	*31.0*
직업태도10	스스로 생각하면서 창의적으로 일한다.	*32.0*	*46.9*	17.4	3.5	0.3

변 인	항 목	매우 그렇다	그렇다	보통	아니다	매우 아니다
일상생활9	최소한의 위급상황에서 자신 그리고 다른 사람에게 응급처치를 실시한다.	*31.0*	*43.3*	17.4	4.5	3.8
직업적 행동특성1	작업 중 정서가 불안하다.	0.8	4.0	13.6	*51.4*	*30.2*
직업적 행동특성2	작업 중 괴성을 지르거나 기괴한 소리를 낸다.	0.0	1.5	6.5	*48.4*	*43.6*
직업적 행동특성3	작업 중 난폭한 행동을 한다.	0.3	0.3	4.5	*48.6*	*46.3*
직업적 행동특성4	작업 중 반항적인 태도를 취한다.	0.3	1.3	8.1	*46.1*	*44.3*
직업적 행동특성5	작업 중 불만이 많다.	0.3	1.5	11.6	*48.1*	*38.5*

제3절 직업유지 기간, 이직경험 횟수,
이직경험 유무에 따른 근속율과 이직률

　　우리나라의 장애인 직업재활 행정기관이나 장애인 직업재활 실시기관에서는 장애인들의 고용촉진과 직업안정 대책과 관련하여 장애인들의 단기간 내의 높은 이직률과 낮은 근속율을 가장 시급하고 현안의 문제로 삼고 있다.[19] 이러한 현상인식하에 본 연구에서도 정신지체인의 직업유지 기간과

---

19) 이에 대한 근거로서는 국회 대정부 국정감사 환경노동위원회의 의원질의서에서도 잘 나타나고 있다. 즉, 매년 정기국회 국정감사에서의 의원질의가 장애인들의 높은 이직률과 낮은 근속율을 문제점으로 제시하고 있으며, 대책을 촉구하고 있다. 정기국회 국정감사 1999년~2003년까지의 환경노동위원회 의원질의 내용을 참조하기 바란다.

이직경험 횟수, 이직경험 유무를 분석하여 근속율과 이직률을 밝혀보았다. 이와 같은 분석의 의의는 장애인 행정기관이나 직업재활 실시기관에서 단기간 내의 높은 이직률과 낮은 근속율에 대한 대처방안을 강구하는 데 실증적인 자료로서 활용될 수 있기 때문이다.

1. 직업유지 기간과 근속율

조사대상자 전체 397명의 직업유지 기간에 대한 기술통계 결과는 〈표 4-5〉와 같다. 즉 조사대상자들의 직업유지 기간은 1개월에서 38개월까지 분포되어 있었고, 평균 직업유지 기간은 15.77개월(표준편차 8.274)로 나타났다.

<표 4-5> 직업유지 기간의 기술통계치

구 분	N	최소값	최대값	평균	표준편차
근무개월 수	397	1	38	15.77	8.274

직업유지 기간에 대한 기술적 통계를 바탕으로 하여 직업유지 기간을 기간별로 구분하여 살펴보면 〔그림 4-1〕과 같다.

대상자들의 직업유지 기간은 6개월 이하가 58명(14.6%), 7개월~1년 이하가 89명(22.4%), 13개월~2년 이하가 178명(44.9%), 2년 초과가 72명(18.1%)으로 나타났다. 이러한 결과는 앞서 문제제기에서 밝힌 한국 장애인고용촉진공단의 조사결과에서 나타난 전체 장애인 근로자의 퇴사율보다 낮은 것이다. 즉, 한국 장애인고용촉진공단에서 조사한 자료에 의하면 2002년도 취업한 전체 장애인의 1년 이하에서의 퇴사율은 42.6%에 비해, 본 연구에서는 1년 이내의 퇴사율이 37.0%로서 조금 낮았다. 그러나 이와 같은 결과는 같은 해 비장애근로자의 퇴사율 4.27%에 비해 약 8.7배나 높

은 수치이다.[20]

　또한, 한국 장애인고용촉진공단의 동 조사에서 2002년도 취업한 장애인의 1년 이상의 근속율이 42.6%에 비해, 본 연구에서는 63.0%로 다소 높게 나타났다. 이와 같이 본 연구에서 정신지체인의 1년 이상의 근속율이 공단에서 조사한 결과보다 높게 나타난 것은 작업지도원이 조사과정에서 상대적으로 근속기간이 높은 대상자를 중심으로 설문했을 가능성이 높다. 이는 근속기간이 높을수록 작업지도원과의 신뢰관계가 잘 형성되어 있고 또한 대상자의 직업적 제 능력이나 특성을 잘 파악하고 있기 때문에 설문조사가 용이했을 것으로 추측된다. 따라서 본 조사에서 나타난 근속율은 현실의 객관적 상황에서 본다면 다소 결여된 측면도 배제할 수 없다.

[그림 4-1] 직업유지 기간의 빈도분포

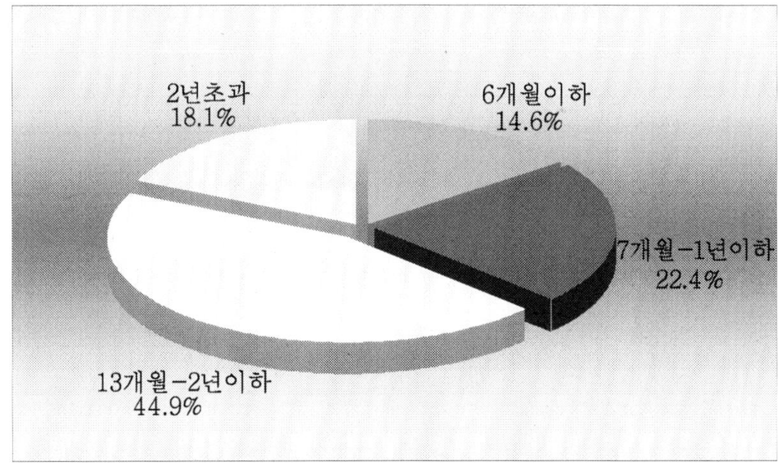

---

20) 이에 대한 산출은 인터넷(http://laborstat.molab.go.kr),노동부 노동통계정보 시스템, 매월노동통계조사에 근거하였다.

2. 이직경험 횟수와 이직률, 이직사유

〈표 4-6〉은 조사대상자 397명 중 이직경험자 179명에 대한 이직경험 횟수의 기술통계이다. 이 표에서 알 수 있듯이, 이직경험자의 이직경험 횟수는 1회에서 6회까지 분포되어 있으며, 이직경험자의 평균 이직경험 횟수는 1.79회(표준편차 0.998)로 나타났다.

〈표 4-6〉 이직경험 횟수의 기술통계치

구 분	N	최소값	최대값	평균	표준편차
근무개월수	179	1	6	1.79	0.998

이직경험 횟수에 대한 기술통계를 바탕으로 하여 조사대상자들의 이직경험 횟수의 빈도분포의 결과를 살펴보면 〔그림 4-2〕와 같다. 이직경험자 179명 중에서 이직경험 1회가 51.4%(92명), 2회가 26.3%(26.3%), 3회가 15.6%(28명), 4회가 5.6%(10명), 5회와 6회가 각각 0.6%(1명씩)로 나타났다.

[그림 4-2] 이직경험 횟수의 빈도분포

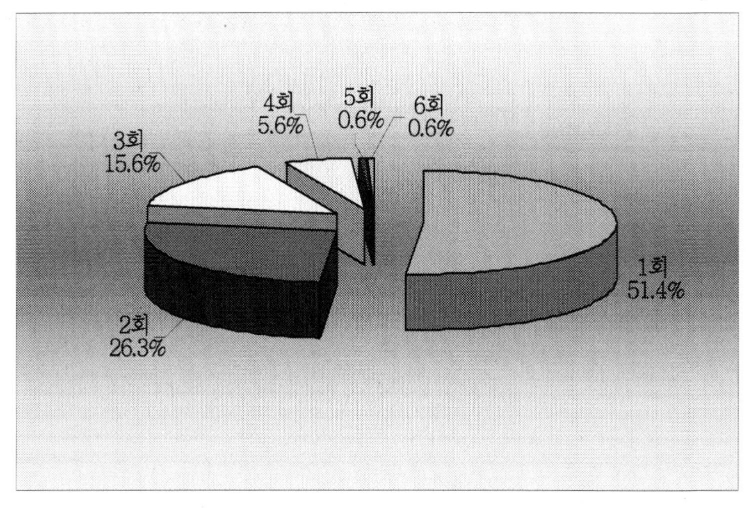

따라서 조사대상자 397명 가운데 1회 이상의 이직자는 179명으로서 조사대상 기간인 약 2년 동안 정신지체인의 이직률은 45.0%로 나타났다. 이러한 결과를 비장애근로자의 최근 2년 동안의 이직결과와 비교하면, 비장애근로자의 2002년 이직률 2.38%, 2003년 이직률 2.40%를 합한 4.78%에 비해 약 9.4배나 높은 수치이다.[21]

이와 같이 정신지체인들의 높은 이직률에 대한 사유를 〔그림 4-3〕과 같이 살펴보았다. 한국 장애인고용촉진공단의 원 자료를 활용하여 조사대상 기간 동안 이직경험이 있는 179명에 대하여 이들이 이직한 마지막 직장에서의 이직사유를 보면, 대인관계 22.9%(41명), 작업능력 부족 22.3%(40명), 부도 및 폐업 16.7%(30명), 고용조정 14.5%(26명), 이동문제 7.8%(14명), 작업장 위험 및 안전 6.2%(11명), 저임금 5.6%(10명), 기타 3.9%(7명) 순으로 나타났다.

[그림 4-3] 이직경험자의 이직사유

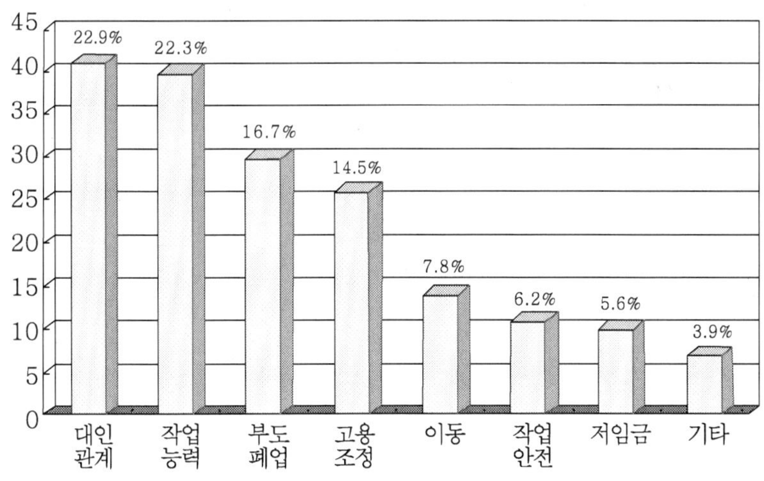

---

21) 이에 대한 산출근거는 인터넷(http://laborstat.molab.go.kr),노동부 노동통계 정보시스템, 매월노동통계조사에 의한 것이다.

따라서 본 연구결과에서 나타난 정신지체인들의 이직사유는 선행연구에서도 밝혀졌듯이 대인관계 및 작업능력 부족, 이동문제 등의 개인적 측면에서 높게 나타났다. 또한, 부도 및 폐업, 고용조정, 작업장 안전문제 등 사업체 환경요인도 이직에 영향을 미치는 것으로 나타났는데, 이는 앞의 〈표 4-2〉의 조사대상자 고용사업체의 일반적 특성에서도 알 수 있듯이 조사대상자가 속한 사업체가 영세 소규모이고 생산직이라는 업종이 이직에 영향을 미쳤을 것으로 예측된다.

3. 이직경험 유무에 따른 직업유지 기간의 분포 차이

본 연구결과에서 나타난 정신지체인의 직업유지 기간에 대해 그 특성을 파악하기 위하여 〔그림 4-4〕와 같이 이직경험 유무자 간의 직업유지 기간 분포의 차이를 상자도표로서 비교하였다. 그림 결과에 따른 이직경험 유무사 간의 분포를 비교해보면, 이직무경험자의 중위수가 이직경험자의 중위수보다 높으며, 이직무경험자의 최소값은 2, 이직경험자는 1이고, 이직경험자의 직업유지 기간이 더 넓게 퍼져있다. 요컨대 이직경험자에서는 단기간 내의 이직률이 높음을 알 수 있고, 전체적으로는 이직무경험자의 직업유지 기간이 이직경험자의 직업유지 기간보다 더 긴 것으로 조사되었다.

따라서 본 연구결과에서도 정신지체인의 이직이 단기간 내에서 높게 나타난다는 것이 밝혀졌기 때문에 취업 이후 조기시점에서 직업유지를 위한 직업적응 지도, 사업주에 대한 고용관리 지도 등 체계적인 직업유지서비스가 제공되어야 할 것으로 분석된다.

[그림 4-4] 이직경험 유무에 따른 직업유지 기간의 빈도분포

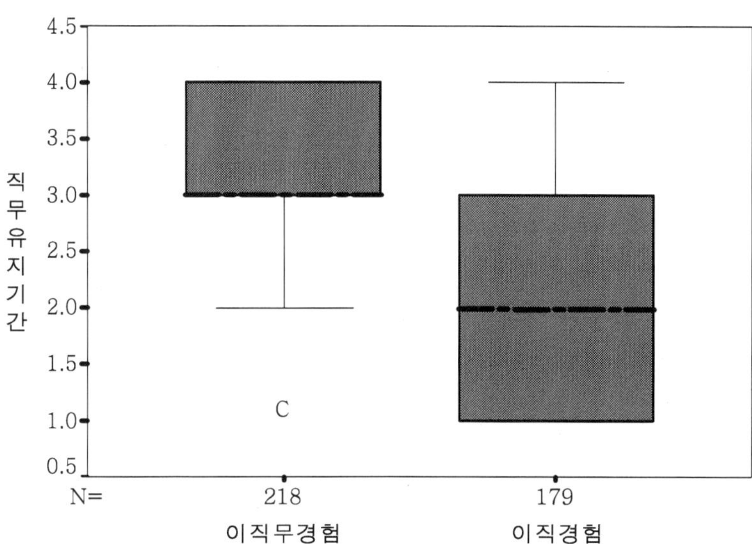

* 직무유지기간 범례
1: 6개월 이하, 2: 7개월~1년 이하, 3: 13개월~2년 이하, 4: 2년 초과

제4절 직업유지 요인에 대한 직업유지 기간, 이직경험 횟수, 이직경험 유무의 차이와 상관

1. 일반적 특성에 따른 직업유지 기간, 이직경험 횟수, 이직경험 유무의 차이

1) 일반적 특성에 따른 직업유지 기간의 차이

조사대상자 397명의 일반적 특성에 따른 직업유지 기간의 차이를 검증하기

위해, 일반적 특성별 직업유지 기간의 차이에 대한 일원변량 분석(One-Way Anova)을 실시했다. 그 결과 〈표 4-7〉과 같이 연령, 학교유형[22], 주거형태, 직종, 장애인 수, 작업지도원, 복리후생시설 수, 근로시간에 따라 직업유지 기간이 유의하게 차이가 나타났다.

우선, 성별에서는 통계적으로 유의미한 차이를 보이지 않았고, 연령에 따른 직업유지 기간은 유의한 차이가 있었다($F = 3.34$, $p < .05$). 즉, 사후검증 결과에서 보면 20대가 10대에 비해 유의하게 직업유지 기간이 길었다. 이는 10대의 경우 학령기로서 직업준비 기간으로 볼 수 있는데, 이는 정신지체인의 장애특성상 직업을 갖기 이전에 직업훈련, 사회성 훈련 등의 직업생활에 필요한 기능을 습득하는 과정으로 볼 수 있다. 설령, 취업으로 연결이 되었다 하더라도 직업생활에 필요한 기능들이 부족하기 때문에 쉽게 이직으로 나타나면서 직업유지 기간을 단축시킬 수 있다. 이에 대한 근거로서 〈표 4-8〉의 일반적 특성에 따른 이직경험 횟수의 차이에서 10대에서 이직경험 횟수가 가장 높게 나타난 것에서도 알 수 있다.

학교유형에서의 직업유지 기간에 있어서도 유의한 차이가 있었다($F = 3.44$, $p < .05$). 즉, 특수학교가 일반학교에 비해 직업유지 기간이 상대적으로 길게 나타났다. 이와 같은 결과에서 의미 있는 것은 정신지체인이 직업을 유지하기 위해서는 일반학교에서의 교육보다는 직업교육에 중점을 둔

---

22) 선행연구에서 살펴본 대부분의 연구자들은 학교유형으로 구분하지 않고 학력으로 범주화하여 분석하였다. 이는 선행연구들이 정신지체인만을 대상으로 한 것이 아니라 전체 장애인을 대상으로 하면서 정신지체인이 포함된 경우가 많았기 때문이다. 즉, 정신지체인을 제외한 다른 장애유형의 경우에는 성장과정에서 장애가 발생한 경우가 많기 때문에 일반학교의 졸업자 비율이 상당히 높다. 그러나 정신지체인의 경우에는 장애발생시기가 선천적이거나 유아기 때 대부분이 발생하기 때문에 특수학교나 일반학교 내의 특수학급으로 진학하는 것이 일반화되어 있다. 이는 2000년도 장애인실태조사(보건사회연구원)에서도 알 수 있는데, 장애발생 시기에서 정신지체인의 경우에는 선천성과 유아기 때에 79.8%가 발생한 반면, 지체장애인의 경우에는 2.3%에 불과했다. 본 연구에서도 학력을 변수로 사용해 보았으나, 유의한 차이가 발견되지 않아 학교유형으로 사용하였는데, 유의미한 차이가 있는 것으로 나타났다.

특수학교에서의 교육이 효과적임이 시사되었다. 특수학교에서의 직업교육과 관련하여 Susan(1985)은 특수학교와 성인 직업재활 실시기관은 전통적으로 정신지체인이 직업을 획득하는 데 매우 중요한 역할을 하며, 직업유지를 위해서도 특수교육과 직업재활프로그램이 필요하다고 지적하고 있다. 따라서 특수학교에서의 직업훈련 중심의 교과과정이나 혹은 고등부 3년과정의 교육을 마치고 1년과정의 직업훈련 중심의 전공과 훈련이 직업유지 기간을 높이는 데에 효과가 있는 것으로 예측된다.

상기 연구결과를 실증적으로 파악하기 위하여 정신지체인의 특수학교 고등부와 일반학교의 고등부 정신지체인 특수학급 간의 교과과정 내용을 살펴보았다. 이를 분석한 결과 대전소재의 W특수학교 고등부 3학년 교과과정의 경우 대부분 직업교육 중심으로 교과과정이 편성되어 있는 반면, 대전소재의 W일반고등학교 특수학급 고등부 3학년의 교과과정에서는 직업교육이 전체 교육에서 16.5%로 낮게 나타났다(대전 원명학교 2004년 내부자료). 또한, 특수학교의 경우에는 직업재활 교사가 전담배치되어 직업교육을 실시하고 있는 데 반해, 일반고등학교 특수학급의 경우에는 특수학급의 교사가 특수학급 관련업무만을 담당하고 있는 것이 아니라 학교의 일반적인 행정업무도 함께 담당하고 있는 것으로 나타났다(서덕희·이혜숙·전은희, 2003). 따라서 최근에 우리사회 일각에서 통합교육에 대한 사회적 욕구가 높아지고 있는 상황에서 통합교육의 교육과정에 대해 심도 있는 논의가 필요하겠다.

장애등급에 따른 직업유지 기간에서는 유의한 차이가 나타나지 않았다. 이러한 결과는 지능지수가 높다고 해서 반드시 직업유지 기간이 길게 나타나는 것이 아니라는 것을 말해주는데, 이에 대해서는 현행 정신지체인 장애등급 판정[23]기준에 비추어 근거한 해석도 가능하다. 즉, 현행의 정신지체

---

23) 장애인복지법 제2조 제1항에 의한 장애인의 장애등급표에 따르면 정신지체 1급은 지능지수 34 이하인 사람, 정신지체 2급은 지능지수 35 이상 49 이하인 사람, 정신지체 3급은 지능지수 50 이상 70 이하인 사람을 기준으로 삼고 있다.

인에 대한 장애등급 판정은 의학적인 측면에서 지능지수만을 기준으로 삼고 있다. 그러나 직업생활에는 지능지수 능력을 포함한 일상생활 활동능력, 대인관계, 작업기술 등 사회성 능력까지 고려되어야 하기 때문에 장애판정 시에는 사회성 능력과 직업적 능력이 판정기준에 포함되어야 할 것이다.

주거형태에 따른 직업유지 기간에서는 유의한 차이가 있었다($F = 3.34$, $p < .05$). 즉, 독립된 생활형태인 독거[24]가 가족과의 동거보다 직업유지 기간이 길었다. 이는 일상생활에 대한 기능이 독립적으로 가능한 경우에는 가족과의 동거보다 독립된 형태의 생활이 직업유지 기간을 높이는 데에 도움이 된다는 것을 알 수 있고, 한편으로는 정신지체인의 경우에도 독립생활이 가능하다는 것을 보여주는 결과이기도 하다. 이와 같은 결과와 관련하여 Schalockdhk와 Harper는 독립생활 기술과 직업성공은 분리할 수 없다고 하였으며, 독립생활 기술을 적절히 행하지 못하면, 지역사회에서 직무를 획득하고 직업을 유지하는 데 문제를 갖게 된다고 하였다(Wehman,P., Mclaughlim, P.J. 1980; 이청자, 1998; 김정렬, 1999: 재인용). 그러나 松林弘助(1980)의 연구에서 거수형태 가운데 가족과의 동거가 직업유지 기간이 가장 길게 나타났다는 선행연구와는 반대의 결과이다.

직종에 따른 직업유지 기간에서는 유의한 차이가 나타났다($F = 10.59$, $p < .01$). 즉, 사후검정 결과 단순생산직과 단순노무직이 서비스직에 비해 유의하게 직업유지 기간이 길었다. 또한, 단순생산직과 단순노무직을 평균 비교 했을 때에는 단순생산직보다 단순노무직에서 직업유지 기간이 다소 높게 나타났다. 따라서 직업유지를 위해서는 정신지체인의 특성상 기술적 기능과 융통성을 요구하는 직종보다는 단순한 직종이 더 적합하다고 볼 수 있다. 이는 또한 이성규(2000)의 논문에서 기계전자 조립이나 제조업보조 등 단순 기능직에서 장기 취업자가 많게 나타난다는 선행연구를 지지하는 결과이다. 이는 사업주의 정신지체인에 대한 이해력지수에서도 잘 나타난다.

---

24) 참고로, 독거 8명에 대한 장애등급을 확인한 결과 3급 5명, 2급 3명으로 나타나 장애등급에 따른 독립생활 가능여부에 차이는 나타나지 않았다.

Lawrence(1974)는 사업주들을 대상으로 하여 정신지체인의 특성을 충동적인 행동, 대인관계 미숙 등 15가지로 제시하고 이에 대해 3점 척도의 이해력지수를 측정한 결과, 제조업체의 사업주가 수용력이 가장 높았고, 다음이 서비스직종의 사업주, 판매직종의 사업주 순으로 나타났다. 다른 변수인 사업체크기와 사업주의 교육수준은 수용성에 유의미한 차이가 없는 것으로 나타났다.

고용사업체에 작업지도원의 배치유무에 따라서도 직업유지 기간에 유의한 차이가 나타났다(F=17.33, p<.01). 즉, 작업지도원이 배치되어 있는 사업체가 배치되어 있지 않은 사업체에 비해 직업유지 기간이 길게 나타났다. 따라서 정신지체인의 고용안정을 위한 제도로서 시행되고 있는 작업지도원의 역할은 정신지체인의 직업유지를 높이는 데에 효과가 있는 것으로 예측할 수 있다. 이와 같은 연구결과는 Warren(1981), Michael(1987), 嵩㓮部(2004) 등의 선행연구에서 작업지도원과 정신지체 근로자와의 관계가 원만할수록 직업유지 기간이 길고, 작업지도원이 배치된 사업체일수록 고용안정에 도움이 된다는 연구결과를 지지하였다.

고용사업체에 이미 고용되어 있는 장애인 근로자 수에 따른 직업유지 기간은 유의한 차이가 나타났다(F=4.56, p<.05). 즉, 장애인 근로자 수가 많을수록 직업유지 기간이 길게 나타났다. 이는 김영애(1997)의 장애인 고용수와 취업과의 관계연구에서 이미 고용한 장애인 근로자가 많을수록 취업에 정적인 영향을 미치고 직업유지에 도움이 된다고 밝힌 선행연구와 일치하는 결과이다. 이는 장애인 근로자수가 많을수록 장애인 고용관리를 위한 작업지도원을 전담배치하고, 편의시설을 갖추는 등 작업환경이 좋기 때문인 것으로 해석된다. 복리후생시설 수에 따른 직업유지 기간에서도 유의한 차이가 있었다(F=3.06, p<.05). 즉, 복리후생시설 수가 많을수록 직업유지 기간이 길게 나타났다. 나머지, 평균임금, 고용사업체의 회사설립 연수, 종업원 수는 직업유지 기간에 유의한 차이가 나타나지 않았다.

입사 전 직업재활프로그램 유형에 있어서는 유의한 차이가 나타나지 않았다. 그러나 〈표 4-1〉의 조사대상자의 일반적 특성에서 알 수 있듯이 입사 전 직업재활서비스를 받은 프로그램 유형을 보면 48.1%가 지원고용 프로그램을 통하여 입사한 것으로 나타났다. 이는 곧 정신지체인의 취업에 있어 지원고용 프로그램이 보편적으로 활용되고 있으며, 다른 프로그램에 비해 상대적으로 중요하다는 것을 의미한다. 이러한 경향은 지원고용이 처음으로 개발되고 시행된 미국에서도 마찬가지로 나타났다. Virginia Commonwealth University의 재활연구 및 훈련센터(Rehabilitation Researth & Training Center on Supported Employment, RRTC)에 따르면 1986년부터 1989년까지 지원고용 실태를 분석한 결과, 1988년에는 48개 주에서 32,360명의 장애인이 지원고용에 참여하였는데 이 중에 70.5%가 정신지체인이였으며, 1989년에는 49개 주에서 지원고용서비스를 받은 52,023명 중 64.3%가 정신지체인인 것으로 나타났다(Richmond, VA: RRTC, 1991; 최종길, 1999: 재인용). 이와 같은 결과에서도 지원고용이 정신지체인이 직업을 갖거나 직업유지 기간을 높이는 데에 효과가 있음을 알 수 있다. 예를 들어 J. Kregel(1991) 등의 지원고용 모델과 정신지체인의 특성과의 관계에 관한 연구에서 지원고용에 참여한 정신지체인들은 이전의 직장에서보다 임금이 3배에서 5배로 증가하였으며, 특히 최근까지 일반사업체에서의 고용이나 유급고용에 참여할 수 없다고 생각했던 정신지체인들이 지원고용 프로그램을 통하여 취업에 성공하였다고 밝혔다. 이상의 결과와 같이 지원고용 프로그램은 정신지체인의 취업을 위해서는 효과적인 프로그램임에는 분명하나, 본 연구에서는 직업유지 기간을 증가시키는 데는 지원고용 프로그램이 별다른 영향을 미치지 못한 결과로 나타났다. 따라서 우리나라에서 실시되고 있는 현행의 지원고용 프로그램의 체계와 내용, 서비스 전달과정에 대한 재검토와 수정이 불가피하다고 하겠다.

　마지막으로 근로시간에 따른 직업유지 기간의 차이에서는 유의한 차이가 있었다(F=5.33, p〈.01). 사후검정 결과 근무시간이 8시간이 8시간 초과과 이하에 비해 직업유지 기간이 유의하게 길었다. 정신지체인의 근로시

간과 관련하여 정신지체인은 작업에 대한 지구력과 인내심이 약하여 근로
시간이 짧을 것이라는 일반적인 통념과는 달리 8시간의 정규 근로가 오히
려 직업유지 기간을 높여주는 결과로 나타났다. 실제적으로 정신지체인을
비롯한 직업적 중증장애인의 경우에는 법정 1일 근로 8시간에 대한 작업
이 어려울 것으로 판단하여 단시간근로를 장애인의 무고용률에 산정시키고
있는 실정이다.[25] 이 사실로부터 근무시간이 8시간 이하나 초과인 사업체
보다는 8시간의 적정 근무시간이 직업유지 기간을 높이는 데에 도움이 된다
고 예측할 수 있다.

<표 4-7> 일반적 특성에 따른 직업유지 기간의 차이

항 목	범 주	직업유지 기간			F	Scheffe 사후검정
		N	M	SD		
성 별	남	278	15.67	8.22	.140	NS
	여	119	16.01	8.42		
	전 체	397	15.77	8.27		
연 령	① 10대	14	9.93	6.22	3.34*	②〉①
	② 20대	290	16.37	8.25		
	③ 30대	74	14.69	8.55		
	④ 40대 이상	19	15.16	6.99		
	전 체	397	15.77	8.27		
학교유형	① 일반학교	278	14.98	8.12	3.44*	②〉①
	② 특수학교	119	16.52	8.36		
	전 체	397	15.77	8.27		
장애등급	1급	31	16.65	8.56	1.28	NS
	2급	175	16.33	8.09		
	3급	191	15.05	8.36		
	전 체	397	15.77	8.27		

---

25) 우리나라 장애인 고용촉진 및 직업재활법에서도 중증장애인에 한하여 월 15일 이
상 60시간 이상의 근로를 고용률로 산정하고 있고, 일본의 장해자고용촉진 등에
관한 법률에서도 1주간의 소정근로시간이 통상근로자의 1주간의 소정근로시간에
비해 짧고 또한 후생노동성장관이 정한 시간 수 미만에서 상용되어 있는 경우에
고용률로 산정하고 있다.

항 목	범 주	직업유지 기간			F	Scheffe 사후검정
		N	M	SD		
장애등급	1급	31	16.65	8.56	1.28	NS
	2급	175	16.33	8.09		
	3급	191	15.05	8.36		
	전 체	397	15.77	8.27		
주거형태	① 가족과 동거	292	15.77	8.29	3.34[*]	② 〉 ①
	② 독 거	8	17.50	9.13		
	③ 시설 및 그룹홈	28	16.36	9.00		
	④ 기숙사	69	15.33	7.92		
	전 체	397	15.77	8.27		
직 종	① 단순생산직	306	16.28	8.11	10.59[**]	①② 〉 ③
	② 단순노무직	47	17.32	7.68		
	③ 서비스직	44	10.57	8.28		
	전 체	397	15.77	8.27		
평균임금	50-59만 원	292	14.87	7.51	1.17	NS
	60-69만 원	8	16.46	8.43		
	70-79만 원	28	14.79	8.75		
	80만 원 이상	69	16.15	8.67		
	전 체	397	15.77	8.27		
입사 전 직업재활프로그램 유형	지원고용	191	15.32	7.96	.511	NS
	직업 전 준비훈련	62	17.03	9.01		
	상담 및 평가	71	15.17	8.47		
	특수학교 전공과	46	16.93	9.12		
	공공직업 훈련	27	15.67	6.53		
	전 체	397	15.77	8.27		
회사설립 연수	1~5년	164	16.62	8.06	1.56	NS
	6~10년	127	15.37	8.73		
	11년 이상	106	14.93	7.79		
	전 체	397	15.77	8.27		
종업원 수	50인 이하	256	15.80	8.32	0.08	NS
	51~100인	79	15.78	7.27		
	101인 이상	62	15.65	9.30		
	전 체	397	15.77	8.27		

항 목	범 주	직업유지 기간			F	Scheffe 사후검정
		N	M	SD		
장애인 수	① 10인 이하	175	14.41	8.84	4.56*	②〉①
	② 11~20인	82	16.37	7.69		
	③21인 이상	140	17.13	7.63		
	전 체	397	15.77	8.27		
작업지도원	① 있음	264	16.97	8.15	17.33**	①〉②
	② 없음	133	13.38	8.01		
	전 체	397	15.77	8.27		
복리후생 시설 수	① 1~3개	91	16.08	8.43	3.06*	③〉②
	② 4~5개	155	14.55	8.23		
	③ 6~7개	151	16.89	8.21		
	전 체	397	15.77	8.27		
근로시간	① 7시간 이하	20	13.70	6.82	5.33**	②〉③
	② 8시간	316	16.45	8.16		
	③ 8시간 초과	61	12.95	8.65		
	전 체	397	15.77	8.27		

*p〈.05. **p〈.01. NS: not significant

2) 일반적 특성에 따른 이직경험 횟수의 차이

조사대상자 397명중 이직경험자 179명에 대한 일반적 특성에 따른 이직경험 횟수의 차이를 검증하기 위해 일원변량 분석(One-Way Anova)을 실시했다. 그 결과 〈표 4-8〉과 같이 연령, 장애등급, 주거형태, 직종, 평균임금, 입사 전 직업재활프로그램 유형, 작업지도원 유무에 따라 이직경험 횟수가 유의한 차이를 나타냈다.

우선, 연령에서는 10대가 40대 이상에 비해 이직경험 횟수가 유의하게 높게 나타났다(F=2.67, p〈.05). 이는 10대의 경우에는 직업을 준비하는 기간으로서 직업에 대한 정체성이 확립되어 있지 않고 직업훈련 기간이 짧아 작업기능이 40대 이상에 비해 낮을 것으로 예측된다. 장애등급은 3급이 2급에 비해 이직경험 횟수가 유의하게 높게 나타났는데(F=5.21, p

〈.01〉, 이는 장애등급 3급이 2급에 비해 이직이 심한 서비스직종26)에 많이 배치되어 있기 때문이다. 즉, 정신지체 3급은 2급과 1급에 비해 지적 수준이 양호하여 생산직보다는 상대적으로 직무내용이 복잡하고 융통성이 요구되는 서비스직종에 많이 배치되는 것으로 추측할 수 있다. 그러나 지적 수준이 양호한 장애 3급이 이직경험 횟수가 높게 나타남으로써 장애등급보다는 직무능력을 고려한 직무배치가 우선시 되어야 하며, 아울러 서비스직종에 대한 체계적인 사후지도가 제공되어야 할 것이다.

다음으로 주거형태에서는 가족과의 동거가 이직경험 횟수가 높았고, 독거일 경우가 이직경험 횟수가 낮았다(F=3.63, p〈.01). 이는 앞의 〈표 4-7〉의 일반적 특성에서 독거가 직업유지 기간이 길게 나타난 것과 동일한 결과이다. 이는 가족과의 동거에서 가족의 지지정도가 높을수록 취업이나 직업유지에 정적인 영향을 미친다(松林弘助,1980)는 선행연구와는 상반된 결과로 보이나, 한편으로는 독거의 경우에는 가족의 불안한 심리가 오히려 가족으로부터의 지지정도를 높여 직업유지 기간이 높아진 결과로도 해석할 수 있다. 그러나 James et al.(1986)은 정신지체인의 직업실패의 원인 중 하나로서 적절한 사회기술과 대인관계 기술이 부족한 상태에서 독립생활을 하고 있는 것이라고 지적하면서, 독립생활을 하기 위해서는 독립생활 이전에 적절한 사회성 훈련과 대인관계 기술을 습득하는 것이 중요하다고 밝혔다. 하지만 사회기술과 대인관계 기술이 좋은 경증의 정신지체인은 독립생활이 오히려 직업성공에 효과적이라고 제시하면서, 사회복지사는 직업적인 옹호자로서 정신지체인이 지역사회 내에서 독립생활을 유지하는 데 필요한 지원을 계속적으로 개입하여야 한다고 강조하였다. 따라서 본 연구에서 나타난 결과와 같이 조사대상자 가운데 독립생활을 하는 대상자가 가족과 동거하는 대상자에 비해 직업유지 기간이 길고 이직경험 횟수가 낮은 것은 독립생활을 하는 대상자의 사회기술 능력과 대인관계 기술능력이 양호할 것

---

26) 본 연구결과에 의하면 조사대상자 가운데 서비스직종에 배치된 44명 중 3급이 25명(56.8%), 2급이 17명(38.6%), 1급이 2명(4.5%) 순으로 나타났다.

이라고 추측할 수 있다.

직종에 따른 이직경험 횟수에서도 유의한 차이가 나타났는데, 사후검정 결과 서비스직이 단순생산직에 비해 이직경험 횟수가 유의하게 높았다(F= 4.57, p〈.01). 이와 같은 결과는 정신지체인의 적합직종으로 반숙련이나 미숙련형태의 작업이 적합하다는 연구결과(이성규, 2000)와 사업주의 대부분이 정신지체인을 고용할 때에 단순직무에 배치한다는 조사결과(日本 大阪府 勞動職業對策課, 1996)를 뒷받침하고 있다. 즉, 정신지체인은 장애의 특성상 생산직에 비해 종합적인 사고와 융통성이 요구되는 서비스직은 직업유지에 어려움이 있다는 것을 말해주고 있다. 따라서 서비스직에서의 직업유지 기간을 높이기 위해서는 생산직에서보다 사업주, 작업동료, 대상자에 대해 철저한 고용지도와 관리가 이루어져야 할 필요가 있다.

평균임금에서는 사후검정 결과 70~79만 원이 60~69만 원에 비해 이직경험 횟수가 유의하게 높았다(F=2.27, p〈.05). 이는 임금이 높을수록 직무가 어렵다는 것을 말해주는 것이기 때문에 업무능력의 한계로 인하여 이직으로 나타날 수 있고, 다른 한편으로는 임금이 높을수록 사업주가 인건비에 대한 부담을 갖게 되면서 해고의 위험이 있을 것으로 추측할 수 있다.

입사 전 직업재활프로그램 유형에서는 유의한 차이가 있었다(F=4.82, p〈.01). 즉, 입사 전 직업재활프로그램 유형에서 상담 및 평가만 받은 대상자가 특수학교에서 전공과 훈련을 받은 대상자에 비해 이직경험 횟수가 높았다. 이는 곧 정신지체인에 대한 이직횟수를 줄이기 위해서는 상담 및 평가보다는 입사 전 어떤 형태로든지 직업에 관련된 기능습득에 관한 훈련이 필요함을 알 수 있다.

종업원 수에 따른 이직경험 횟수는 유의한 차이가 나타나지 않았는데, 이에 대해 村永典生(1999)는 종업원 수 100인 미만의 소기업에서는 장애인 고용환경이 경기불황에 영향을 상대적으로 많이 받기 때문에 기업도산이나 해고에 의한 실직의 가능성이 높다고 밝히면서, 정신지체인의 고용안정을 위해서는 대기업 중심으로 고용이 이루어져야 하고 아울러 대기업의 다양한 직무를 개척할 필요가 있다고 제시하였다.

그러나 사업체에 작업지도원이 배치된 경우에는 그렇지 않는 사업체에 비해 이직경험 횟수가 유의하게 적게 나타났다($F=5.07$, $p<.05$). 따라서 〈표 4-7〉에서 작업지도원의 역할이 직업유지 기간을 높여주는 데 효과가 나타났듯이 이직횟수를 줄여주는 데에도 효과가 있는 것으로 나타났다.

기타, 성별, 연령, 학교유형, 장애등급, 회사설립 연수, 종업원 수, 장애인 수, 복리후생시설 수, 근로시간 등에서는 이직경험 횟수에 유의한 차이가 나타나지 않았다. 그러나 종업원 수, 장애인 수, 복리후생, 근로시간 등에 대한 차이 검증은 대상자가 이직한 이전 직장에 대한 조사가 불충분하였고, 또한 실제적으로도 과거의 이직한 직장에 대한 기록들이 한국 장애인고용촉진공단의 직업재활서비스 원 자료에 일부는 남아있지 않았고, 면담을 통한 정보입수에도 한계가 있었기 때문에 차이를 검증하는 데 한계를 가질 수밖에 없었다.

〈표 4-8〉 일반적 특성에 따른 이직경험 횟수의 차이

항 목	범 주	이직경험 횟수			F	Scheffe 사후검정
		N	M	SD		
성 별	남	132	1.79	.99	.002	NS
	여	47	1.78	1.02		
	전 체	179	1.79	.99		
연 령	① 10대	7	2.14	.37	2.67[*]	④〉①
	② 20대	130	1.73	.97		
	③ 30대	34	1.87	1.04		
	④ 40대 이상	8	1.14	1.24		
	전 체	179	1.79	.99		
학교유형	① 일반학교	93	1.86	1.05	.89	NS
	② 특수학교	86	1.72	.92		
	전 체	179	1.79	.99		

항 목	범 주	이직경험 횟수			F	Scheffe 사후검정
		N	M	SD		
장애등급	① 1급	13	1.92	1.18	5.25**	③ 〉②
	② 2급	80	1.52	.78		
	③ 3급	86	2.01	1.09		
	전 체	179	1.79	.99		
주거형태	① 가족과 동거	136	1.92	1.07	3.63**	① 〉④
	② 독 거	2	1.00	0.00		
	③ 시설 및 그룹홈	11	1.45	.52		
	④ 기숙사	30	1.36	.55		
	전 체	179	1.79	.99		
직 종	① 단순생산직	127	1.70	1.01	4.57**	③〉①
	② 단순노무직	22	1.81	1.00		
	③ 서비스직	30	2.20	.93		
	전 체	179	1.79	.99		
평균임금	① 50-59만 원	53	1.71	.94	2.27*	③〉④
	② 60-69만 원	77	1.77	.94		
	③ 70-79만 원	30	2.20	1.27		
	④ 80만 원 이상	19	1.42	.69		
	전 체	179	1.79	.99		
입사 전 직업재활프로 그램유형	①지원고용	85	1.80	.94	4.82**	③ 〉④,⑤
	②직업 전 준비훈련	26	1.57	.75		
	③상담 및 평가	34	2.35	1.25		
	④특수학교 전공과	16	1.43	.72		
	⑤공공직업 훈련	18	1.33	.76		
	전 체	179	1.79	.99		
회사설립 연수	1~5년	67	2.00	1.12	2.56	NS
	6~10년	65	1.72	.97		
	11년 이상	47	1.59	.77		
	전 체	179	1.79	.99		
종업원 수	50인 이하	113	1.84	1.00	2.86	NS
	51~100인	39	1.48	0.68		
	101인 이상	27	2.03	1.25		
	전 체	179	1.79	.99		

항 목	범 주	이직 횟수			F	Scheffe 사후검정
		N	M	SD		
장애인 수	① 10인 이하	82	1.80	.92	.246	NS
	② 11~20인	40	1.70	.96		
	③21인 이상	57	1.84	1.13		
	전 체	179	1.79	.99		
작업지도원	① 있음	113	1.57	.68	5.07*	②〉①
	② 없음	66	1.92	1.12		
	전 체	179	1.79	.99		
복리후생 시설 수	① 1~3개	32	2.00	1.16	2.43	NS
	② 4~5개	76	1.90	1.09		
	③ 6~7개	68	1.60	.75		
	전 체	179	1.79	.99		
근로시간	7시간 이하	13	1.53	.66	1.34	NS
	8시간	133	1.86	1.03		
	8시간 초과	33	1.60	.93		
	전 체	179	1.79	.99		

*$p < .05$. **$p < .01$. NS: not significant

3) 일반적 특성에 따른 이직경험 유무의 차이

조사대상자 전체 397명을 대상으로 이직경험 유무 간의 일반적 특성의 차이를 알아보기 위하여 빈도분석과 교차분석(Chi-Square 검증)을 실시한 결과 〈표 4-9〉와 같이 분석되었다.

일반적 특성에서 이직경험 유무자 간에 유의한 차이가 나타난 것은 직종($\chi^2 = 11.12$, $p < .01$), 평균임금($\chi^2 = 7.99$, $p < .05$), 근로시간($\chi^2 = 6.35$, $p < .05$)으로 나타났으며, 이를 구체적으로 분석하면 다음과 같다.

우선, 직종에서는 서비스직종에서 이직경험자가 이직무경험자에 비해 유의하게 많게 나타났다. 즉, 이직경험자는 생산직이나 단순 노무직에 비해 서비스직종에서 많이 나타난 것으로 밝혀졌는데, 이는 서비스직종은 대인관계나 작업에 대한 융통성이 요구되는 기술임에 반해 정신지체인의 경우에는 이러한 기술들이 직업적 특성의 제한점으로 지적되고 있기 때문에 이직에 영향을 미친 것으로 예측할 수 있다.

다음으로 월평균임금에서는 이직무경험자가 이직경험자에 비해 60~69만 원에서 유의하게 높게 나타났다. 이러한 결과는 반드시 임금이 높을수록 직업유지가 용이한 것이 아니라 높지도 않고 낮지도 않은 중간단계의 임금이 직업유지에 도움이 됨을 알 수 있었다.

마지막으로 근로시간에서는 이직경험자가 이직무경험자에 비해 7시간 이하나 8시간 초과에서 각각 유의하게 많았고, 이직무경험자 집단이 이직경험자 집단에 비해 8시간이 유의하게 많게 나타났다. 정신지체인의 근로시간과 관련하여 정신지체인은 작업에 대한 지구력과 인내심이 약하여 근로시간이 짧을 것이라는 일반적인 통념과는 달리 8시간의 정규 근로가 오히려 직업유지를 높여주는 결과로 나타났다. 실제적으로 정신지체인을 비롯한 직업적 중증장애인의 경우에는 법정 1일 근로 8시간에 대한 작업이 어려울 것으로 판단하여 단시간근로를 장애인 의무고용률에 산정시키고 있는 실정이다.[27]

<표 4-9> 일반적 특성에 따른 이직경험 유무의 차이(단위: 명, %)

항 목	범 주	이직경험자	이직무경험자	χ^2
성 별	남	132(67.0)	146(73.7)	2.14
	여	47(33.0)	72(26.3)	
	전 체	179(100.0)	218(100.0)	
연 령	10대	7(3.9)	7(3.2)	.23
	20대	130(72.6)	160(73.4)	
	30대	34(19.0)	40(18.3)	
	40대 이상	8(4.5)	11(5.0)	
	전 체	179(100.0)	218(100.0)	

27) 우리나라 장애인 고용촉진 및 직업재활법에서도 중증장애인에 한하여 월 15일 이상 60시간 이상의 근로를 고용률로 산정하고 있고, 일본의 장해자고용촉진 등에 관한 법률에서도 1주간의 소정근로 시간이 통상근로자의 1주간의 소정근로 시간에 비해 짧고 또한 후생노동성장관이 정한 시간 수 미만에서 상용되어 있는 경우에 고용률로 산정하고 있다.

항 목	범 주	이직경험자	이직무경험자	χ^2
학교유형	일반학교	93(52.0)	101(46.3)	
	특수학교	86(48.0)	117(53.7)	1.24
	전 체	179(100.0)	218(100.0)	
장애등급	1급	13(7.3)	18(8.3)	
	2급	80(44.7)	95(43.6)	
	3급	86(48.0)	105(48.2)	.12
	전 체	179(100.0)	218(100.0)	
주거형태	가족과 동거	136(76.0)	156(71.6)	
	독 거	2(1.1)	6(2.8)	
	시설 및 그룹홈	11(6.1)	17(7.8)	2.01
	기숙사	30(16.8)	39(17.9)	
	전 체	179(100.0)	218(100.0)	
직 종	단순생산직	127(70.9)	179(82.1)	
	단순노무직	22(12.3)	25(11.5)	
	서비스직	30(16.8)	14(6.4)	11.12[**]
	전 체	179(100.0)	218(100.0)	
평균임금	50-59만 원	53(29.6)	53(24.3)	
	60-69만 원	77(43.0)	124(56.9)	
	70-79만 원	30(16.8)	26(11.9)	7.99[*]
	80만 원 이상	19(10.6)	15(6.9)	
	전 체	179(100.0)	218(100.0)	
종업원 수	50인 이하	113(63.1)	143(65.6)	
	51~100인	39(21.8)	40(18.3)	
	101인 이상	27(15.1)	35(16.1)	.73
	전 체	179(100.0)	218(100.0)	
입사 전 직업재활프로그램 유형	지원고용	85(47.5)	106(48.6)	
	직업 전 준비훈련	26(14.5)	36(16.5)	
	상담 및 평가	34(19.0)	37(17.0)	
	특수학교 전공과	16(8.9)	30(13.8)	7.55
	공공직업훈련	18(10.1)	9(4.1)	
	전 체	179(100.0)	218(100.0)	
장애인 수	10인 이하	82(45.8)	93(42.7)	
	11~20인	40(22.3)	42(19.3)	
	21인 이상	57(31.8)	83(38.1)	1.75
	전 체	179(100.0)	218(100.0)	

항 목	범 주	이직경험자	이직무경험자	χ^2
복리후생	1~3개	32(17.9)	59(27.1)	4.78
	4~5개	76(42.5)	79(36.2)	
	6~7개	71(39.6)	80(36.7)	
	전 체	179(100.0)	218(100.0)	
근로시간	7시간 이하	13(7.3)	7(3.2)	6.35*
	8시간	133(74.3)	183(83.9)	
	8시간 초과	33(18.4)	28(12.8)	
	전 체	179(100.0)	218(100.0)	
작업지도원	있음	113(63.1)	151(69.3)	1.66
	없음	66(36.9)	67(30.7)	
	전 체	179(100.0)	218(100.0)	

*p〈.05. **p〈.01.

2. 개념적·사회적·직업적 기술 및 사회적 지지에 대한 직업유지 기간, 이직경험 횟수의 상관

개념적 기술, 사회적 기술, 직업적 기술, 사회적 지지가 직업유지 기간과 이직경험 횟수에 대한 상관을 검증하기 위하여 단순상관 분석(Simple Corrlation Analysis)을 수행하였다. 이와 같이 변수 간의 단순상관 분석을 통해 변수들의 전반적인 관계를 검증하는 것은 회귀분석을 위한 일차적인 단계로도 볼 수 있다.

단순상관 분석결과 〈표 4-10〉에서 보는 것처럼 직업적 기술요인이 직업유지 기간과 유의한 정적 상관(r =.57, p〈.01)이 있었고, 이직경험 횟수와는 유의한 부적 상관(r = -.55, p〈.01)이 있었다. 또한 개념적 기술요인은 이직경험 횟수와 유의한 부적 상관(r = -.13, p〈.01)이 있었다. 즉, 직업적 기술이 좋을수록 직업유지 기간이 길어지고, 이직경험 횟수가 감소하였으며, 개념적 기술의 점수가 높을수록 이직경험 횟수가 감소하는 유의한 경향을 보였다.

이상의 결과를 바탕으로 하위 변인과의 상관에 대해 구체적으로 살펴보면 다음과 같다.

우선, 개념적 기술요인의 하위 변인과 직업유지 기간, 이직경험 횟수 간의 단순상관 분석결과는 언어와 수개념이 이직경험 횟수와 유의한 부적 상관($r = -.14$, $p < .01$)이 있었다. 즉, 언어능력과 수개념 능력이 높을수록 이직경험 횟수가 감소하는 유의한 경향을 보였다. 그러나 상관의 절대값이 작아 통계적으로 유의하기보다는 그러한 경향이 있는 것으로 나타났다.

두 번째로는 사회적 기술요인의 하위 변인과 직업유지 기간, 이직경험 횟수 간의 단순상관 분석결과는 금전관리 능력이 직업유지 기간과 유의한 정적 상관($r = .11$, $p < .05$)이 있었고, 이직경험 횟수와는 유의한 부적 상관($r = -.10$, $p < .05$)이 있었다. 또한 일상생활 능력에서도 이직경험 횟수와 유의한 부적 상관($r = -.15$, $p < .05$)이 있었다. 즉, 금전관리 능력이 좋을수록 직업유지 기간이 실어지고 이직경험 횟수가 감소하며, 일상생활 능력이 좋을수록 이직경험 횟수가 감소하는 유의한 경향을 보였다. 여기에서 말하는 금전관리 능력이란 보수에 대한 개념과 보수를 통한 계획적인 지출과 소비 행태에 관한 능력을 말하고, 일상생활 능력이란 몸의 청결유지, 적절한 음식조절, 기본적인 건강관리 등의 능력을 말한다. 따라서 근로를 통하여 보수를 얻을 수 있다는 개념파악과 일상생활 소비에 대한 능력, 그리고 몸의 청결을 유지하면서 건강관리가 가능할수록 직업유지 기간이 길어지고 이직경험 횟수가 감소하는 것으로 해석할 수 있다.

세 번째로 직업적 기술요인의 하위 변수와 직업유지 기간, 이직경험 횟수 간의 단순상관 분석결과 직업생활 태도($r = .53$, $p < .01$), 작업도구 수행능력($r = .50$, $p < .01$), 작업동료와의 협조성($r = .47$, $p < .01$), 직업적 행동특성($r = .47$, $p < .01$)이 직업유지 기간과 유의한 정적 상관이 있었다. 또한 직업생활 태도($r = -.55$, $p < .01$), 작업도구 수행능력($r = -.42$, p

〈.01), 작업동료와의 협조성(r = −.45, p〈.01), 직업적 행동특성(r = −.51, p〈.01)이 이직경험 횟수와 유의한 부적 상관이 있었다. 즉 직업생활 태도, 작업도구 수행, 작업동료와의 협조성, 직업적 행동특성이 긍정적일수록 직업유지 기간이 증가하고, 이직경험 횟수가 감소하는 뚜렷한 경향을 보였다.

네 번째로 사회적 지지요인의 하위 변수와 직업유지 기간, 이직경험 횟수 간의 단순상관 분석결과 유의한 결과가 나타나지 않았다. 즉, 가족 지지와 전문가 지지가 직업유지 기간과 이직경험 횟수와 뚜렷한 상관관계를 보이지 않았다. 이와 같은 결과는 가족 지지와 전문가 지지가 직업성공과 직업안정, 직업실패에 직접적인 영향을 미친다는 三澤義一(1985), 全日本精神薄弱者育成會(1980), Warren(1981),Michael(1987)의 선행연구를 지지하지 않았다. 이에 대해 본 연구의 결과에서는 다음과 같은 해석을 할 수 있다. 우선, 이직무경험자의 경우 직업유지 기간 동안 직업재활 전문가들이 동일한 사람이 담당하는 것이 아니라 보직변경이나 이직 등으로 담당자가 자주 바뀔 수도 있고, 이로 인하여 이직무경험자의 담당자에 대해 신뢰감을 떨어뜨리거나 영향을 적게 미칠 수도 있다. 다음으로 이직경험자에 대해서는 이직한 전 직장에서 직업재활 전문가가 어떠한 영향을 미쳤는지 본 연구의 조사에서는 파악하지 못하는 한계를 가지고 있기 때문에 결과에 대한 객관성이 다소 결여될 수 있다.

이상의 결과를 요약하면 다음과 같다.

우선, 직업유지 기간에 영향을 주는 독립변수는 사회적 기술요인에서 금전관리 능력, 직업적 기술능력에서 직업생활 태도능력, 작업도구 수행능력, 작업동료와의 협조성, 직업적 행동특성으로 나타났다.

다음으로 이직경험 횟수에 영향을 미치는 독립변수는 개념적 기술요인에서 언어(수용과 표현언어), 수개념과 언어학습 능력으로 나타났고, 사회적 기술요인에서는 일상생활 능력, 금전관리 능력으로 나타났으며, 직업적 기술요인에서는 모든 하위 요인이 영향을 미치는 것으로 나타났다.

따라서 직업유지를 위해서는 금전관리 능력, 직업생활 태도능력, 작업도구 수행능력, 작업동료와의 협조성, 직업적 행동특성 요인의 능력이 좋아야하고, 이직을 감소시키기 위해서는 언어(수용과 표현언어), 수개념과 언어학습, 일상생활 능력, 금전관리 능력, 직업생활 태도능력, 작업도구 수행능력, 작업동료와의 협조성, 직업적 행동특성의 능력이 중요함을 알 수 있다.

<표 4-10> 개념적 · 사회적 · 직업적 기술 및 사회적 지지에 대한
직업유지 기간, 이직경험 횟수의 상관분석 결과

구 분	직업유지 기간 (N=397)	이직경험 횟수 (N=179)
개념적 기술요인	.049	-.139**
●언어(수용과 표현언어)	.033	-.146**
●수개념과 언어학습	.088	-.138**
●시간개념과 이해	.001	-.076
사회적 기술요인	.022	-.098
●일상생활 능력	.014	-.155**
●안전능력	.055	-.039
●이동능력	.014	-.037
●금전관리 능력	.111*	-.109*
직업적 기술요인	.570**	-.557**
●직업생활 태도	.539**	-.550**
●작업도구 수행	.500**	-.423**
●작업동료 협조성	.473**	-.458**
●직업적 행동특성	.470**	-.515**
사회적 지지요인	.045	-.059
●가족 지지	.016	-.080
●전문가 지지	.090	-.011

*p< .05. **p< .01.

3. 개념적·사회적·직업적 기술 및
사회적 지지에 대한 이직경험 유무의 차이

개념적 기술, 사회적 기술, 직업적 기술 및 사회적 지지에 대한 이직경험 유무 간의 차이를 비교하기 위하여 일원변량 분석(One Way ANOVA)을 수행하였다. 이와 같은 분석의 의미는 변인들 간의 차이에 초점을 두고 있기 때문에 회귀분석에 앞서 기본적인 차이의 결과를 확인함으로써 본 연구결과의 일반화, 즉 외적 타당도를 높일 수 있다.

분석결과는 〈표 4-11〉에서 보는 것처럼 유의하게 나타난 것이 개념적 기술요인($F=3.74$, $p<.05$)과 직업적 기술요인($F=161.13$, $p<.01$)이다. 즉, 이직무경험자가 이직경험자에 비해 개념적 기술요인과 직업적 기술요인의 능력이 유의하게 높은 것으로 나타났다. 그러나 사회적 기술요인은 유의한 결과는 나타나지 않았지만, 평균점수에서는 이직무경험자가 이직경험자에 비해 높게 나타났고, 사회적 지지요인에서는 이직경험 유무자 간에 점수의 차이가 없었다.

이와 같은 결과를 토대로 각 요인의 하위 변인별로 이직경험 유무자 간의 차이를 분석하면 다음과 같다.

첫째, 이직경험 유무자 간에 따른 개념적 기술요인의 차이에 있어서는 언어($F=6.26$, $p<.01$), 수개념과 언어학습 능력($F=3.75$, $p<.05$)에서 유의한 차이가 나타났다. 즉, 이직무경험자가 이직경험자에 비해 언어(수용언어와 표현언어)와 수개념과 언어학습 능력이 유의하게 높게 나타났고, 시간개념과 이해능력은 유의한 차이는 없었지만 평균비교에서는 이직무경험자가 높았다.

둘째, 이직경험 유무자 간에 따른 사회적 기술요인의 차이에 있어서는 일상생활 능력($F=5.39$, $p<.05$)과 금전관리 능력($F=3.997$, $p<.05$)에서 유의한 차이가 나타났다. 다른 변수인 안전에 관한 능력과 이동능력에서는 유의한 차이가 나타나지 않았고, 이직경험 유무 간의 평균점수 비교에서도

차이가 나타나지 않았다.

셋째, 이직경험 유무 간에 따른 직업적 기술요인의 차이에 있어서는 직업생활 태도(F=147.70, p〈.01), 작업도구 수행능력(F=85.86, p〈.01), 작업동료와의 협조성(F=119.38, p〈.01), 직업적 행동특성(F=95.81, p〈.01) 모두 유의한 차이가 나타났다. 즉, 이직무경험자가 이직경험자에 비해 직업적 기술요인의 모든 하위 변인에서 유의한 차이가 나타났다.

마지막으로 이직경험 유무 간에 따른 사회적 지지요인의 차이에 있어서는 가족의 지지, 전문가의 지지에서 유의한 차이가 나타나지 않았다.

이상의 결과에서 보면 이직무경험자의 직업유지에 유의한 영향을 주는 요인으로서는 개념적 기술요인 중에서 언어(표현과 수용), 수개념, 시간개념, 사회적 기술요인 중에서 일상생활 능력, 금전관리, 직업적 기술요인 중에서 직업생활 태도, 작업도구 수행능력, 작업동료와의 협조성, 직업적 행동특성 등으로 나타났다. 따라서 이직경험 횟수를 줄이고 한 직장에서의 계속적인 직업유지를 위한 고용안정을 위해서는 이들 요인들에 대한 능력이 배양되어야 할 것이다.

〈표 4-11〉 개념적 · 사회적 · 직업적 기술 및 사회적 지지에 대한 이직경험 유무의 차이

구 분	이직무경험자 (N=218)	이직경험자 (N=179)	F
	M (SD	M (SD	
개념적 기술요인	3.44(0.62)	3.32(0.60)	3.74*
●언어(수용과 표현언어)	3.49(0.62)	3.33(0.68)	6.26*
●수개념과 언어학습	3.31(0.79)	3.15(0.79)	3.75*
●시간개념과 이해	3.51(0.71)	3.47(0.64)	.365
사회적 기술요인	3.56(0.57)	3.48(0.52)	2.02
●일상생활 능력	3.63(0.61)	3.49(0.67)	5.39*
●안전능력	3.59(0.71)	3.54(0.73)	.437
●이동능력	3.76(0.76)	3.76(0.74)	.001
●금전관리 능력	3.24(0.64)	3.11(0.60)	3.99*

구 분	이직무경험자 (N=218)	이직경험자 (N=179)	F
	M (SD	M (SD	
직업적 기술요인	3.24(0.43)	3.62(0.53)	161.13**
● 직업생활 태도	4.27(0.42)	3.65(0.58)	147.70**
● 작업도구 수행	3.89(0.58)	3.31(0.65)	85.86**
● 작업동료 협조성	4.32(0.54)	3.59(0.77)	119.38**
● 직업적 행동특성	4.49(0.49)	3.94(0.61)	95.81**
사회적 지지요인	3.70(0.57)	3.71(0.58)	.010
● 가족 지지	3.69(0.70)	3.61(0.72)	1.16
● 전문가 지지	3.78(0.73)	3.71(0.73)	.800

*p＜.05. **p＜.01.

제5절 직업유지 요인이 직업유지 기간, 이직경험 횟수, 이직경험 유무에 미치는 영향

본 절에서는 앞의 제4절에서 독립변수가 종속변수에 미치는 기본적인 차이
와 상관의 결과를 바탕으로 하여 종합적인 영향력 규명을 위한 가설을 검증하
고자 한다. 즉 정신지체인의 직업유지에 영향을 미치는 요인들과 영향의 정도
를 규명하기 위하여 직업유지의 요인과 직업유지 기간, 이직경험 횟수, 이직
경험 유무 간에 있어서 중다회귀 분석(Multiple Regression Analysis:
Enter Method)과 로지스틱 회귀분석(Logistic Regression Analysis)
을 수행하였다. 직업유지 기간과 이직경험 횟수에 대해 중다회귀 분석을 실시
하였고, 이직경험 유무에 대해서는 로지스틱 회귀분석을 실시하였다. 본 연구
는 세 가지 차원(직업유지 기간, 이직경험 횟수, 이직경험 유무)의 종속변인
에 대하여 일반적 특성요인(14개), 개념적 기술요인(3개), 사회적 기술요인

(4개), 직업적 기술요인(4개), 사회적 지지요인(2개) 의 5종류의 독립변인을 투입하여 고려하였다. 독립변인들 중 일반적 특성요인의 경우에는 14개의 하위 변인들이 수학적으로 연속적인 변인이 아니므로 더미변인(dummy variable)으로 변환하여 회귀분석에 사용하였다.

1. 직업유지 요인이 직업유지 기간에 미치는 영향

"정신지체인의 직업유지 기간은 일반적 특성요인, 개념적 기술요인, 사회적 기술요인, 직업적 기술요인, 사회적 지지요인의 영향을 받을 것이다"라는 가설 1의 하위 가설들을 검증하기 위해 직업유지 기간을 종속변수로 하고, 직업유지 기간에 대해 일반적 특성, 개념적 기술, 사회적 기술, 직업적 기술, 사회적 지지 등의 독립변수가 미치는 영향의 정도와 요인을 규명하고자 중다회귀 분석(Multiple Regression Analysis: Enter Method)을 수행하였다. 이 모형의 구성자체는 통계적 유의성이 검증되었으며($F=9.91$, $p<.01$), 총 42.6%의 설명력을 갖는 것으로 나타났다.

분석결과 〈표 4-12〉에서 나타난 바와 같이, 직업유지 기간에 유의한 영향을 주는 변인들은 일반적 특성 중에서 직종($\beta=-.079$, $p<.05$), 종업원 수($\beta=-.085$, $p<.05$), 장애인 수($\beta=.086$, $p<.05$), 작업지도원 배치($\beta=.121$, $p<.05$), 사회적 기술요인 중에서 안전능력($\beta=.156$, $p<.01$), 금전관리 능력($\beta=.145$, $p<.05$), 직업적 기술요인 중에서 직업생활 태도($\beta=.262$, $p<.01$), 작업도구 수행능력($\beta=.206$, $p<.01$), 직업적 행동특성($\beta=.128$, $p<.05$), 그리고 사회적 지지요인 중에서 전문가 지지($\beta=.112$, $p<.01$) 등으로 나타났다. 즉, (가설 1-1, 1-3, 1-4, 1-5)는 지지되었고, (가설 1-2)는 기각되었다.

이상의 결과를 바탕으로 하여 직업유지 기간에 유의한 영향을 주는 변인들을 중요도에 따라 제시하면 직업생활 태도, 작업도구 수행능력, 안전능력, 직업적 행동특성, 금전관리 능력, 작업지도원 배치, 전문가 지지, 장애인 수, 종업원 수, 직종 순으로 나타났다. 이를 다시 독립변수별로 구체적으로 살펴보면 다음과 같다.

　첫째, 일반적 특성요인에서 직종이 생산직이며, 사업체의 종업원 수가 비교적 적고, 장애인 수가 많으며 작업지도원이 배치되어 있을 때에 직업유지 기간이 증가하는 것으로 나타났다. 이는 선행연구에서 이미 고용한 장애인 근로자 수가 많을수록 취업에 정적인 영향을 미친다는 김영애(1997)의 연구를 지지한 결과이다. 또한 작업지도원 배치가 직업유지 기간에 정적인 영향을 미치는 것으로 나타남으로써 정부의 장애인 고용사업주 지원제도 가운데 작업지도원 배치제도는 직업유지 기간을 높여주는 효과성이 검증되었다. 그러나 사업체의 종업원 수와 관련하여 사업체의 규모가 작을수록 직업유지 기간이 높게 나타난 것은 사업체의 규모가 클수록 개개인은 전문화된 단일 작업을 수행하게 되는 반면, 사업체의 규모가 작을수록 작업은 단순한 경우가 많은 데에서 그 이유를 찾을 수 있다. 즉, 정신지체인은 인지능력의 저하와 이로 인한 신속하지 못한 적응력 때문에 전문화된 작업수행에는 어려움이 있고 이는 결국에는 직업유지 기간을 단축시키는 결과로 나타나게 된 것으로 예측된다. 따라서 정신지체인의 직업유지 기간을 높이기 위해서는 취업알선서비스 단계에서 구인업체를 탐색하거나 적합직종을 개발하는데 일반적 특성에서 유의하게 예측한 직종, 사업체규모, 장애인 수, 작업지도원 배치 등을 고려하여야 하겠다.

　둘째, 사회적 기술요인 중에서 안전에 관한 능력과 금전관리 능력이 높을수록 직업유지 기간이 증가하는 것으로 나타났다. 이는 선행연구에서 정신지체인의 직업실패의 원인으로 작업장에서 안전수칙을 잘 따르지 않는 것이라고 밝힌 Brickey(1982)의 연구결과를 지지한 것으로 나타났다. 실제로 본 연구에서도 조사대상자 중 이직경험자 179명에 대해 이직한 마지막 직장에서의 이직사유를 분석한 결과〔그림 4-3 참조〕, 작업장의 위험과 안전에 대한 능력부족으로 인한 이직이 6.2%를 차지하였다. 금전관리 능력에서는 근로를 통한 보수의 개념, 일용품 구입능력, 수입과 지출에 대한 개념 등의 능력이 높을수록 직업유지 기간이 증가하는 것으로 나타났다. 따라서 취업 이전에 안전과 금전관리 능력에 대한 교육을 직업재활프로그램에서 실시하여야 할 것이고, 취업 이후에는 작업장의 안전수칙, 보수에 대한 개념과 임금관리 등에 대한 체계적인 개입이 이루어져야 할 것이다.

셋째, 직업적 기술요인 중에서 직업생활 태도, 작업도구 수행능력, 직업적 행동특성의 능력이 좋을수록 직업유지 기간이 증가하는 것으로 나타났다. 즉 출퇴근 준수, 회사규칙 준수, 작업장 정리정돈, 작업에 대한 인내심, 작업내용과 작업순서에 대한 이해, 작업도구의 기능과 사용법 등의 능력이 직업유지 기간을 높이는 데 결정적인 영향을 미치는 것으로 밝혀졌다. 이는 작업현장에서 실제적으로 필요한 직무능력을 의미하는 것으로서 직업생활 태도와 작업기능이 좋을수록 직업성공에 유의한 영향을 미친다는 선행연구(Michael, 1987; Hill, 1986; 後藤憲夫, 2000)를 지지한 결과이다. 또한 김형완(2004)의 연구에서 정신지체인의 작업태도가 좋을수록 사업주의 고용만족도가 높아진다는 결과와도 일치한다. 따라서 작업장에서 실질적인 직무기술과 직업생활 태도에 대한 기술들을 직업을 갖기 이전의 직업재활프로그램에서나 직업 이후 초기의 고용현장에서 얼마나 충실히 이루어지는가가 정신지체인의 직업유기 기간을 높이는 관건이라 할 수 있다.

넷째, 사회적 지지요인 중에서 전문가의 지지가 높을수록 직업유지 기간이 증가하는 것으로 밝혀졌다. 이와 같은 결과는 선행연구에서 정신지체인과 직업재활 전문가와의 관계가 원만할수록 고용유지가 높게 난다는 Warren(1981)의 결과를 지지하였고, 작업장에서의 작업지도원의 개입이 높을수록 직업성공이 높게 나타난다는 James(1986), 崇지部(2004)의 연구결과와도 일치한다. 따라서 취업 이전이나 이후에 직업재활 기관의 사회복지사와의 신뢰관계와 지속적인 지도개입이 이루어져야 할 것이다.

그 밖의 독립변인인 일반적 특성요인 중에서 성별, 연령, 장애등급, 월평균수입, 개념적 기술요인 중에서 언어, 수개념, 시간개념, 사회적 기술요인 중에서 일상생활과 이동능력, 직업적 기술요인 중에서 작업동료와의 협조성, 사회적 지지요인 중에서 가족 지지 등은 직업유지 기간이라는 종속변인을 예측함에 있어서 기여하지 못하는 것으로 나타났다.

특히 개념적 기술요인의 하위 변인들은 단 하나의 요인도 기여하지 못한 것으로 나타났으나, 직업적 기술요인은 다른 변인들에 비해 직업유지 기간에 미치는 상대적 영향력이 높았다. 즉 직업유지 기간에 대해 직업적 기술요인이 다른 요인에 비해 상대적으로 높은 영향을 주는 것이 실증적으로 검증되었다. 이는 앞의 〈표 4-10〉에서 제시한 개념적·사회적·직업적 기술 및 사회적 지지와 직업유지 기간과의 상관분석에서도 마찬가지 결과로 나타났다. 그러므로 직업유지 기간을 증가시키기 위해서는 다른 어떤 요인들보다 직업생활 태도, 작업도구 수행능력 등 직무적 기술능력을 증진시키는 것이 매우 중요하다고 할 수 있다.

〈표 4-12〉 직업유지 요인이 직업유지 기간에 미치는 영향

(N=397)

독립변인	통계치	B	S.E	β	t	p
일반적 특성 요인	성 별	.651	.772	.036	.843	.400
	연 령	4.45E-02	.058	−.033	−.769	.443
	학교유형	.660	.728	.040	.906	.366
	장애등급	.129	.566	.010	.227	.820
	월평균임금	-4.10E−02	.432	−.004	−.094	.925
	종업원 수*	−5.15E−03	.003	−.085	−1.921	.055
	장애인 수*	3.351E−02	.018	.086	1.832	.050
	복리후생 수	.181	.230	.034	.789	.430
	회사설립 연도	−4.24E−02	.046	−.038	−.925	.355
	근로시간	−1.184	.852	−.064	−1.389	.166
	작업지도원 배치*	1.641	.821	.093	1.999	.046
	주거형태	−.244	.310	−.035	−.786	.433
	직 종*	−.998	.593	−.079	-1.682	.054
	입사 전 유형	8.807E−02	.274	.014	.321	.748

독립변인	통계치	B	S.E	β	t	p
개념적 기술 요인	언 어	.121	.737	−.010	−.165	.869
	수개념	.516	.673	.049	.766	.444
	시간개념	1.051	.900	.087	1.167	.244
사회적 기술 요인	일상생활 능력	.733	.842	.053	.871	.385
	안전능력**	1.801	.711	.156	2.533	.012
	이동능력	.438	.697	.040	.628	.530
	금전관리 능력*	1.882	.834	.145	2.256	.025
직업적 기술 요인	직업생활 태도**	3.694	1.151	.262	3.209	.001
	작업도구 수행**	2.516	.821	.206	3.063	.002
	작업동료 협조성	.513	.727	.046	.705	.481
	직업적 행동특성*	1.736	.812	.128	2.138	.033
사회적 지지 요인	가족의 지지	.112	.528	.010	.211	.833
	전문가 지지**	1.250	.505	.112	2.477	.014
상 수		−2.075	5.362		−.387	.699
총 설명변량		42.6%				
F		9.91**				

* $p < .05$. ** $p < .01$.

2. 직업유지 요인이 이직경험 횟수에 미치는 영향

"정신지체인의 이직경험 횟수는 일반적 특성요인, 개념적 기술요인, 사회적 기술요인, 직업적 기술요인, 사회적 지지요인의 영향을 받을 것이다"라는 가설 2의 하위 가설들을 검증하기 위해 이직경험 횟수를 종속변수로 하고, 이직경험 횟수에 대해 일반적 특성, 개념적 기술, 사회적 기술, 직업적 기술, 사회적 지지 등의 독립변수가 미치는 영향의 정도와 요인을 규명하고자 중다회귀 분석(Multiple Regression Analysis: Enter Method)을 수행하였다. 이 모형의 구성자체는 통계적 유의성이 검증되었으며($F = 8.99$, $p < .01$), 총 40.3%의 설명력을 갖는 것으로 나타났다.

분석결과 〈표 4-13〉에서 나타난 바와 같이, 이직경험 횟수에 유의한 영향을 주는 변인들은 일반적 특성 중에서 월평균임금(β=.096, p〈.05), 복리후생시설 수(β=-.092, p〈.05), 직종(β=.168, p〈.01), 개념적 기술요인 중에서 수개념(β=-.095, p〈.05), 직업적 기술요인 중에서 직업생활 태도(β=-.358, p〈.01), 직업적 행동특성(β=-.240, p〈.01) 등으로 나타났다. 즉, (가설 2-1, 2-2, 2-4)는 지지되었고, (가설 2-3, 2-5)는 기각되었다.

이상의 결과를 바탕으로 하여 이직경험 횟수에 유의한 영향을 주는 변인들을 중요도에 따라 제시하면 직업생활 태도, 직업적 행동특성, 직종, 월평균임금, 수개념, 복리후생시설 수 등의 순으로 나타났다. 이를 다시 독립변수별로 구체적으로 살펴보면 다음과 같다.

첫째, 일반적 특성요인에서 월평균임금이 높을수록 이직경험 횟수가 증가하였는데, 이는 정신지체인 전체 평균임금보다 높을 경우에는 사업주가 임금에 대한 부담을 느낄 수 있기 때문에 해고의 위험성이 있을 것으로 예측할 수 있다. 복리후생시설에서는 휴게실, 식당, 환풍기, 간식제공, 통근버스, 기숙사제공 등의 근로자에 대한 지원혜택이 많을수록 이직횟수가 낮게 나나 근로자에 대한 복지제도의 중요성이 입증되었다. 직종에서는 서비스직종에서 이직경험 횟수가 높게 나타났는데, 이는 선행연구에서 서비스직종의 고용주가 제조업직종의 고용주보다 장애수용력이 낮게 나타난다는 Lawrence(1974)의 연구결과를 뒷받침하고 있다.

둘째, 개념적 기술요인 중에서 수개념과 언어학습 능력의 β값이 음의 값을 나타내고 있으므로 수개념과 언어학습 능력이 좋을수록 이직경험 횟수가 감소하는 것으로 나타났다. 즉, 수개념과 언어학습 능력에 해당하는 간단한 숫자에 대한 이해, 초보적인 사칙연산, 간단한 단어나 문장의 이해, 게시판 내용 이해, 간단한 메모 등이 가능할수록 이직경험 횟수가 줄어들었다. 이와 같은 수개념과 언어학습 능력은 직업생활에서 작업지시나 작업내용에 대한 이해를 하고 작업과 관련된 업무보고나 기록을 하는 데 영향을 미치게 된다. 그러므로 이에 대한 개념적 이해가 양호할수록 직업생활이나 직무환경에서 적응을 용이하게 하여 이직을 줄·이게 되는 결과를 가져왔다고 예측할 수 있다.

그러나 선행연구 결과에서는 개념적 기술요인 중에서 의사소통 기술요인이 취업을 저해하는 요인(Darke, Kaplan, Stone, 1972; Tschirgi, 1972)으로 나타나 본 연구와는 다른 결과를 보여주었다. 즉, 본 연구결과에서는 선행연구의 의사소통 기술요인에 해당하는 언어(수용과 표현언어)요인은 이직경험 횟수를 감소시키는 데 유의한 영향을 주지 못하였다.

셋째, 직업적 기술요인 중에서 직업생활 태도와 직업적 행동특성의 β값이 음의 값을 나타내고 있으므로 직업생활 태도 및 직업적 행동특성이 양호할수록 이직경험 횟수가 감소하는 것으로 나타났다. 특히 직업생활 태도요인이이 다른 변인들에 비해 이직경험 횟수에 미치는 상대적 영향력이 높았고, 여기에다 직업적 행동특성 요인까지 고려한다면 이직경험 횟수에 대해 직업적 기술요인이 다른 요인에 비해 상대적으로 높은 영향을 주는 것이 실증적으로 검증되었다. 그러므로 이직경험 횟수를 감소시키기 위해서는 다른 어떤 요인들보다 직업적 기술요인을 증진시키는 것이 매우 중요하다고 할 수 있다.

이와 같이 직업생활 태도요인과 직업적 행동특성 요인이 이직경험 횟수에 결정적인 영향을 미치는 것으로 나타났는데 이는 직업유지 기간에 영향을 미치는 결정적인 변수와 동일한 결과이다. 또한, 앞의 〈표 4-10〉에서 제시한 개념적·사회적·직업적 기술 및 사회적 지지와 이직경험 횟수 간의 상관분석에서도 마찬가지 결과로 나타났다.

따라서 직업유지 기간을 높이고 이직을 최소화하기 위해서는 직업생활 태도요인이 다른 요인에 비해 매우 중요하다는 것을 알 수 있다. 또한, 이직경험 횟수에 결정적인 영향을 미치는 것으로 나타난 직업적 행동특성 요인은 선행연구에서 직업실패의 원인을 공격적 행동, 감정적인 행동, 주의산만, 자해행위 등이라고 제시한 Greenspan Shoult(1981), Hanlcy-Maxwell(1986), 高橋 昭(1987), 木下犠德(1981), 이청자(1998) 등의 연구결과를 지지하였다.

이에 반해 다른 독립변인인 개념적 기술요인(언어, 시간개념), 사회적 기술요인(일상생활, 안전, 이동, 금전), 사회적 지지요인(가족 지지, 전문가

지지)의 각각의 하위 변인은 이직경험 횟수에 영향을 주지 못하는 결과로
밝혀졌다.

〈표 4-13〉 직업유지 요인이 이직경험 횟수에 미치는 영향

(N =179)

독립변인	통계치	B	S.E	β	t	p
일반적 특성 요인	성 별	−8.81E−02	.106	−.036	−.829	.408
	연 령	8.478E−03	.008	.047	1.065	.288
	학교유형	4.564E−02	.100	.020	.456	.649
	장애등급	−7.84E−02	.078	−.044	−1.007	.315
	월평균임금*	.124	.060	.096	2.079	.038
	종업원 수	−4.31E−04	.000	−.053	−1.171	.242
	장애인 수	−9.93E−04	.003	−.019	−.394	.694
	복리후생 수*	−6.603E−02	.032	−.092	−2.090	.037
	회사설립 연도	2.143E−03	.006	.014	.340	.734
	근로시간	−8.58E−02	.117	−.035	−.732	.464
	작업지도원 배치	−.186	.113	−.079	−1.649	.100
	주거형태	−4.59E−02	.043	−.049	−1.077	.282
	직 종**	.286	.082	.168	3.497	.001
	입사 전 유형	−2.73E−02	.038	−.032	−.723	.470
개념적 기술 요인	언 어	−8.99E−02	.101	−.053	−.887	.376
	수개념*	−.211	.120	−.095	−1.385	.053
	시간개념	.119	.124	.073	.964	.336
사회적 기술 요인	일상생활 능력	−.186	.116	−.101	−1.609	.109
	안전능력	.160	.098	.103	1.631	.104
	이동능력	4.093E−02	.096	.028	.427	.670
	금전관리 능력	4.375E−03	.115	.002	.038	.970
직업적 기술 요인	직업생활 태도**	−.680	.158	−.358	−4.294	.000
	작업도구 수행	1.658E−02	.113	.010	.147	.883
	작업동료 협조성	−7.53E−02	.100	−.050	−.753	.452
	직업적 행동특성**	−.439	.112	−.240	−3.928	.000
사회적 지지 요인	가족의 지지	−2.24E−02	.073	−.014	−.309	.758
	전문가 지지	5.241E−02	.069	.035	.755	.451
상 수		5.496	.738		7.451	.000
총 설명변량		40.3%				
F		8.99**				

* p〈.05. ** p〈.01.

3. 직업유지 요인이 이직경험 유무에 미치는 영향

"정신지체인의 이직경험 유무는 일반적 특성요인, 개념적 기술요인, 사회적 기술요인, 직업적 기술요인, 사회적 지지요인의 영향을 받을 것이다"라는 가설 3의 하위 가설들을 검증하기 위하여 이직무경험자와 이직경험 횟수가 1회 이상인 이직경험자에 대해 일반적 특성요인, 개념적 기술요인, 사회적 기술요인, 직업적 기술요인, 사회적 지지요인 등의 독립변수가 미치는 영향력을 로지스틱 회귀분석(Logistic Regression Analysis)을 통해 수행하였다. 이직경험 유무자 간의 차이는 비연속변인이므로 회귀로 검증하기 위해서는 로지스틱 회귀분석이 일반적 방법이다.

따라서 본 연구에서는 이직무경험자를 2로, 이직경험자를 1로 하여 로지스틱 회귀분석을 실시하였으며(분석결과 Exp(B)가 증가하면 이직무경험자에 속할 확률이 증가하고, Exp(B)가 감소하면 이직경험자에 속할 확률이 증가하는 것이다), 회귀분석 결과 모형의 적합도는 유의하게 나타났다(-2 Log Likelihood $= 362.494$, $p < .01$). 또한 사례가 정확히 분류된 정도는 78.1%로 나타났고, 총 35.7%의 설명력을 갖는 것으로 나타났다.

분석결과 〈표 4-14〉에서 나타난 바와 같이, 정신지체인의 이직경험 유무에 유의하게 영향을 주는 요인은 일반적 특성요인 중에서 직종($p = 006$), 복리후생시설 수($p = .001$), 직업적 기술요인 중에서 직업생활 태도($p = .001$), 작업동료와의 협조성($p = .031$)인 것으로 나타났다. 즉, (가설 3-1, 3-4)는 지지되었고, (가설 3-2, 3-3, 3-5)는 기각되었다.

이상의 결과와 같이 이직경험 유무에 유의한 영향을 주는 요인들을 중심으로 좀더 구체적으로 살펴보면 다음과 같다.

첫째, 일반적 특성요인 중에서 조사대상자의 직종에서 서비스직종에 비해 단순 생산직종일수록 이직무경험자에 속할 확률이 약 0.52배 증가하는 것으로 나타났다. 즉 서비스직종에서 이직경험자가 이직무경험자에 비해 유의하게 많게 나타났다. 이는 앞의 제4절 제3항의 일반적 특성에 따른 이직경험 유무 간의 차이에 대한 x^2검증에서도 마찬가지 결과로 나타났다. 본 연구에서 밝혀진 정신지체인이 맡고 있는 서비스직의 업무내용은 외식업체에서의 주방업무, 주유판매 업체에서의 주유 및 세차업무, 용역업체에서의 청소업무, 노인병원에서의 간병업무 등으로 나타났다. 이와 같은 직무들은 생산직에 비하여 타인과의 관계가 중시되고 융통성이 요구되기 때문에 정신지체인의 장애특성에서 볼 때에 직업을 유지하는데 어려움이 있을 것으로 예측된다. 특히, 정신지체인은 작업현장에서 의사소통이 원활하지 못하고 주의집중 시간이 짧으며, 업무에 대한 응용력과 종합적인 사고가 어렵다는 특성을 갖고 있다. 이와 관련하여 飯田雅子(1999)는 정신지체인이 노인복지시설에서 간병업무를 수행할 때에는 간병에 대한 전문성, 윤리성, 고도의 간병기술, 대인원조나 인간에 대한 이해 등의 조건이 갖추어져야 하며, 이를 위해서는 노동습관이나 생활습관은 물론 의사소통 방법, 이타적인 마음, 대상자 중심의 간병기술 등을 습득해야 만이 간병직무를 수행할 수 있다고 제시하였다. 따라서 서비스직종에서는 정신지체인 근로자를 전적으로 담당하는 전담직원을 배치하여 체계적인 고용관리가 필요하며, 작업동료나 서비스를 받는 일반고객에 대해서도 정신지체인의 특성에 대한 이해와 교육 그리고 정신지체인의 고용에 대한 인식개선 등이 필요하다.

둘째, 직업적 기술요인 중에서 직업생활 태도능력이 높을수록 이직무경험자에 속할 확률이 약 5.20배 증가하며, 작업동료 협조성 능력이 높을수록 역시 이직무경험자에 속할 확률이 약 1.86배 증가하는 것으로 나타났다. 특히, 직업생활 태도능력이 높을수록 다른 변인들에 비해 월등하게 이직무경험자에 속하도록 영향을 주는 것으로 밝혀졌다. 그러므로 이직경험이 없이 계속적인 직업유지를 위해서는 다른 어떤 요인들보다 직업생활 태도요인을 증진시키는 것이 매우 중요하다고 할 수 있다. 이러한 결과는 앞의 〈표 4-11〉에서 제시한 개념적·사회적·직업적 기술 및 사회적 지지와 이직경험 유무 간의 차이분석에서도 마찬가지 결과로 나타났다.

따라서 직업생활 태도와 작업동료와의 관계가 좋을수록, 직종이 단순 생산직종이며 복리후생시설 수가 많을수록 직업유지에 긍정적인 결과로 나타나므로, 정신지체인의 취업 후 적응지도를 통해 작업태도에 대한 지도, 동료와의 올바른 관계형성 지도 등을 실시하여 정신지체인의 직업유지를 강화하도록 해야 할 것이다.

또한 분석결과에서 유의성은 검증되지 않았지만 이직무경험자에 속할 확률이 남성이 여성에 비해 1.20배, 개념적 기술요인 중에서 언어능력이 1.52배, 수개념이 1.17배, 사회적 기술요인 중에서 일상생활 능력이 1.48배, 금전관리 능력이 1.29배, 직업적 기술요인 중에서 작업도구 수행능력이 1.09배, 직업적 행동특성이 1.73배가 높게 나타나 향후 이 변인들에 대한 추가적 연구가 필요함이 시사되었다.

〈표 4-14〉 직업유지 요인이 이직경험 유무에 미치는 영향

(N =397)

독립변인	통계치	B	S.E	Wald	df	Sig.	Exp(B)
일반적 특성 요인	성 별	.233	.311	.561		.454	1.262
	연 령	−.019	.022	.708		.400	.981
	장애등급	.377	.222	2.882		.090	1.458
	학교유형	−.036	.281	.016		.899	.965
	월평균임금	−.315	.177	3.170		.075	.730
	주거형태	−.034	.125	.073		.787	.967
	직 종*	−.646	.234	7.590	1	.006	.524
	입사 전 유형	−.034	.109	.100		.752	.966
	설립연수	−.007	.018	.142		.706	.993
	종업원 수	.001	.001	.317		.573	1.001
	장애인 수	.007	.008	.853		.356	1.007
	작업지도원 배치	.080	.322	.061		.805	1.083
	복리후생**	.296	.093	10.168		.001	.744
	근로시간	.135	.339	.159		.690	1.145
개념적 기술 요인	언 어	.424	.304	1.951		.162	1.528
	수개념	.164	.257	.408	1	.523	1.179
	시간개념	−.665	.353	3.550		.060	.514

독립변인	통계치	B	S.E	Wald	df	Sig.	Exp(B)
사회적 기술 요인	일상생활 능력	.396	.327	1.464	1	.226	1.486
	안전능력	−.187	.286	.428		.513	.829
	이동능력	−.296	.278	1.136		.286	.744
	금전관리 능력	.260	.335	.602		.438	1.297
직업적 기술 요인	직업생활 태도**	1.649	.492	11.252	1	.001	5.203
	작업도구 수행	.089	.346	.066		.798	1.093
	작업동료 협조성*	.622	.334	3.470		.031	1.862
	직업적 행동특성	.552	.342	2.599		.107	1.736
사회적 지지 요인	가족의 지지	.007	.209	.001	1	.975	1.007
	전문가 지지	.332	.196	2.874		.090	.718
상 수		−8.649	2.207	15.363	1	.000	.000
모델적합도		−2 Log Likelihood =362.494**					
분류확률		78.1%					
총 설명량		35.7%					

* p〈.05. ** p 〈.01.

제5장 결 론

제5장 결 론

제1절 연구결과의 요약

본 연구는 정신지체인의 직업유지 요인(일반적 특성, 개념적 기술, 사회적 기술, 직업적 기술, 사회적 지지)이 직업유지 기간과 이직경험 횟수, 이직경험 유무에 어떠한 영향을 미치는지 규명하기 위하여 수행되었으며, 그 결과를 요약하면 다음과 같다.

1. 일반적 특성요인에 따른 직업유지 기간, 이직경험 횟수, 이직경험 유무의 차이

일반적 특성에 따른 직업유지 기간, 이직경험 횟수, 이직경험 유무 간의 차이를 검증하기 위하여 일원변량 분석(One-Way Anova)과 교차분석(CHi-Square 검증)을 수행한 결과 다음과 같이 나타났다.

첫째, 일반적 특성에 따른 직업유지 기간에서 유의한 차이가 나타난 것은 연령(F=3.34, p〈.05), 학교유형(F=3.44, p〈.05), 주거형태(F=3.34, p〈.05), 직종(F=10.59, p〈.01), 장애인 수(F=4.56, p〈.05), 작업지도원 유무(F=17.33, p〈.01), 복리후생시설 수(F=3.06, p〈.05), 근로시간(F=5.33, p〈.01)으로 나타났다. 즉, 연령은 20대가, 학교유형은 특수학교가, 주거형태는 독거생활이, 직종은 단순노무직 그리고 작업지도원이 배치되어 있고 복리후생시설 수가 많으며, 8시간의 적정한 근로시간이 직업유지 기간을 높이는 결과로 나타났다.

둘째, 일반적 특성에 따른 이직경험 횟수에서 유의한 차이가 나타난 것은 연령(F=2.67, p〈.05), 장애등급(F=5.25, p〈.01), 주거형태(F=3.63, p〈.01), 직종(F=4.57, p〈.01), 평균임금(F=2.27, p〈.05), 입사 전 직업재활프로그램 유형(F=4.82, p〈.01), 작업지도원 유무(F=5.07, p〈.05)이었다. 즉 연령은 40대 이상, 장애등급은 3급, 주거형태는 가족과의 동거, 직종은 서비스직, 평균임금은 70~79만 원 그리고 입사 전 직업재활프로그램 유형에서는 상담과 평가, 작업지도원이 배치되어 있지 않을 때에 이직경험 횟수가 높게 나타났다.

셋째, 일반적 특성에 따른 이직경험 유무 간에 유의한 차이가 나타난 것은 직종(χ^2=11.12, p〈.01), 평균임금(χ^2=7.99, p〈.05), 근로시간(χ^2=6.35, p〈.05)으로 나타났다. 즉 이직경험자는 이직무경험자에 비해 근로시간이 8시간 초과에다 평균임금이 높고 직종이 서비스직일수록 유의하게 높게 나타났다.

2. 개념적·사회적·직업적 기술 및 사회적 지지 요인이 직업유지 기간, 이직경험 횟수에 대한 상관

개념적·사회적·직업적 기술 및 사회적 지지요인이 직업유지 기간, 이직경험 횟수에 대한 상관을 검증하기 위하여 단순상관 분석(Simple Correlation Analysis)을 수행하였다. 이와 같이 변수 간 단순상관 분석을 통해 변수들의 전반적인 관계를 검증하는 것은 회귀분석을 위한 일차적인 단계로도 볼 수 있다.

단순상관 분석결과 직업적 기술요인에서 직업유지 기간과 유의한 정적 상관(r=.57, p<.01)이 있었고, 이직횟수와는 유의한 부적 상관(r=-.55, p<.01)이 있었으며, 개념적 기술요인에서는 이직횟수와 유의한 부적 상관(r=-.13, p<.01)이 있었다. 즉, 직업적 기술이 좋을수록 직업유지 기간이 길어지고, 이직횟수가 감소하였으며, 개념적 기술요인 점수가 높을수록 이직횟수가 감소하는 유의한 경향을 보였다. 이를 다시 하위 영역에서 나타난 결과를 보면 우선, 개념적 기술요인에서는 언어와 수개념(r=-.14, p<.01)이 이직횟수와 유의한 부적 상관이 있었고, 사회적 기술요인에서는 금전관리 능력(r=.11, p<.05)이 직업유지 기간과 유의한 정적 상관이 있었으며 이직횟수와는 유의한 부적 상관(r=-.10, p<.05)이 있었다. 또한, 일상생활 능력(r=-.15, p<.05)에서도 이직횟수와 유의한 부적 상관이 있었다. 직업적 기술요인에서는 직업생활 태도(r=.53, p<.01), 작업도구 수행능력(r=.50, p<.01), 작업동료와의 협조성(r=.47, p<.01), 직업적 행동특성(r=.47, p<.01)이 직업유지 기간과 유의한 정적 상관이 있었고, 이직횟수에는 직업생활 태도(r=-.55, p<.01), 작업도구 수행능력(r=-.42, p<.01), 작업동료와의 협조성(r=-.45, p<.01), 직업적 행동특성(r=-.51, p<.01)이 유의한 부적 상관이 있었다.

이상의 결과에서 보면 직업적 기술요인이 다른 요인에 비해 직업유지 기간과 이직경험 횟수에 유의한 영향을 주는 것으로 나타났다. 즉 직업생활 태도, 작업도구 수행, 작업동료와의 협조성, 직업적 행동특성이 긍정적일수록 직업유지 기간이 증가하고, 이직횟수가 감소하는 뚜렷한 경향을 보였다. 그 밖에 개념적 기술요인에서 언어와 수개념, 사회적 기술에서 일상생활 능력, 금전관리 능력이 이직경험 횟수와 직업유지 기간에 유의한 영향을 주는 것으로 나타났으나 상관의 절대값이 작아 통계적으로 유의하기 보다는 그러한 경향이 있는 것으로 한정적으로 해석하는 것이 바람직하다.

3. 개념적 · 사회적 · 직업적 기술 및 사회적
지지요인에 대한 이직경험 유무의 차이

개념적 · 사회적 · 직업적 기술 및 사회적 지지요인에 대한 이직경험 유무의 차이를 검증하기 위하여 일원변량 분석(One Way Anova)을 수행하였다. 변량분석은 변인들 간의 차이에 초점을 두고 있기 때문에 회귀분석에 앞서 기본적인 차이의 결과를 확인할 수 있다.

일원변량 분석결과 이직경험자에 비해 이직무경험자에서 높게 나타나 유의한 영향을 주는 요인으로서는 개념적 기술요인 중에서 언어($F=6.26$, $p<.05$), 수개념($F=3.75$, $p<.05$) 사회적 기술요인 중에서 일상생활 능력($F=5.39$, $p<.05$), 금전관리($F=3.99$, $p<.05$) 직업적 기술요인 중에서 직업생활 태도($F=147.70$, $p<.01$), 작업도구 수행능력($F=85.86$, $p<.01$), 작업동료와의 협조성($F=119.38$, $p<.01$), 직업적 행동특성($F=95.81$, $p<.01$) 등으로 나타났다. 따라서 이직경험 유무자 간의 비교 차이에서 직업유지를 결정하는 데 영향을 주는 요인으로는 다른 변수에 비해 직업적 기술요인이 중요한 것으로 밝혀졌다.

4. 직업유지 요인이 직업유지 기간,
이직경험 횟수, 이직경험 유무에 미치는 영향

본 연구의 연구문제에 따른 가설을 검증하기 위해 중다회귀 분석(Multiple Regression Analysis: Enter Method)과 로지스틱 회귀분석(Logistic Regression Analysis)을 수행한 결과 다음과 같이 나타났다.

첫째, 직업유지 기간에 유의한 영향을 주는 변인들은 일반적 특성 중에서 직종($\beta=-.079$, $p<.05$), 종업원 수($\beta=-.085$, $p<.05$), 장애인 수($\beta=.086$, $p<.05$), 작업지도원 유무($\beta=.121$, $p<.05$), 사회적 기술요인 중에서 안전능력($\beta=.156$, $p<.01$), 금전관리 능력($\beta=.145$, $p<.05$), 직

업적 기술요인 중에서 직업생활 태도(β=.262, p〈.01), 작업도구 수행능력(β=.206, p〈.01), 직업적 행동특성(β=.128, p〈.05), 그리고 사회적 지지요인 중에서 전문가 지지(β=.112, p〈.01) 등으로 나타났다.

둘째, 이직경험 횟수에 유의한 영향을 주는 변인들은 일반적 특성 중에서 월평균임금(β=.096, p〈.05), 복리후생시설 수(β=-.092, p〈.05), 직종(β=.168, p〈.01), 개념적 기술요인 중에서 수개념(β=-.095, p〈.05), 직업적 기술요인 중에서 직업생활 태도(β=-.358, p〈.01), 직업적 행동특성(β=-.240, p〈.01) 등으로 나타났다.

셋째, 이직경험 유무에 유의하게 영향을 주는 요인은 일반적 특성요인 중에서 직종(p=006), 복리후생시설 수(p=.001), 직업적 기술요인에서 직업생활 태도(p=.001), 작업동료와의 협조성(p=.031)인 것으로 나타났다.

이상의 결과에서 보면 직업적 기술요인이 다른 변인에 비해 직업유지에 미치는 영향력이 상대적으로 높게 나타났다. 이는 단순상관 분석(표 4-10)과 일원변량 분석(표 4-11)의 결과와도 일치한다. 즉 직업적 기술요인에 해당하는 작업장 주변의 정리정돈, 출퇴근 및 회사규칙 준수, 작업수행의 책임감, 작업내용 이해, 작업도구 관리 및 사용, 작업동료에 대한 지원과 협조요청, 감정적 행동과 정서적 태도 등 작업장에서 직접적으로 나타날 수 있는 직무적 기술능력이 직업유지와 관련이 깊다고 볼 수 있다. 따라서 정신지체인의 직업유지를 위해서는 장애인 직업재활 실시기관에서 전문가의 개입에 의하여 직업을 갖기 이전에 직업재활프로그램이나 직업훈련 영역 등에서 직무적 기술요인에 대한 충분한 훈련이 이루어져야 하며, 취업 이후에도 현장의 직무기술에 대한 지속적인 훈련이 이루어져야 할 것이다.

5. 분석방법에 따른 결과차이에 대한 해석

지금까지 직업유지의 요인이 직업유지 기간, 이직경험 횟수, 이직경험 유

무 간에 미치는 영향과 차이 등을 검증하기 위하여 일원변량 분석, 단순상
관 분석 그리고 최종적으로 회귀분석 등을 수행하였다. 분석결과 정신지체
인의 직업유지 요인이 분석방법에 따라 직업유지에 미치는 결과가 일치 혹
은 차이가 나타났음을 확인할 수 있었다. 그 사유를 분석하면 다음과 같다.

첫째, 일반적 특성에 따른 직업유지 기간, 이직경험 횟수, 이직경험 유무
간의 차이와 영향에 대한 결과에서 일원변량 분석과 회귀분석의 결과가 일
치하게 나타나지 않았다. 이는 회귀분석에서 일반적 특성요인 가운데 비연
속변인을 더미변인(dummy variable)으로 변환하면서 나타난 결과로 볼
수 있고, 또한 다중공선성 등의 가외적 변인들의 영향을 받은 것으로 예측된
다. 따라서 일반적 특성요인 가운데 직업유지에 유의하게 영향을 미치는 요
인은 회귀분석 결과에서 나타난 요인을 중요한 변수로 고려하여야 할 것이
며, 아울러 직업재활 실천현장에서도 회귀분석 결과를 반영하여나가야 할
것이다.

둘째, 개념적·사회적·직업적 기술 및 사회적 지지가 직업유지 기간, 이
직경험 횟수, 이직경험 유무 간의 상관과 영향에 대한 결과에서는 단순상관
분석과 회귀분석의 결과가 일치하는 것으로 나타났다. 즉 직업유지에 가장 많은
영향을 미치는 변인은 독립변수 가운데 직업적 기술요인인 것으로 밝혀졌다.

제2절 연구의 함의

1. 이론적 함의

본 연구의 초점은 정신지체인의 개인적 측면의 직업적 제 능력의 요인들
이 직업유지에 미치는 영향을 밝혀내는 것이었다. 조사결과로 나타난 본 연

구의 이론적 함의를 제시하면 다음과 같다.

첫째, 정신지체를 규정하는 주요 개념인 '적응행동의 유의미한 제한성'에서 제시된 개념적·사회적·직업적 기술요인이 개인 간의 차이에 따라 직업유지에 중요한 영향을 미친다는 것을 밝혔다. 본 연구에서는 이러한 정신지체의 개념을 직업유지 기간과 이직경험 횟수, 이직경험 유무로 측정한 결과 '적응행동의 유의미한 제한성' 가운데 직업적 기술요인이 가장 많은 영향을 받는 것으로 나타났다. 이는 정신지체인이 장기적이고 안정적인 직업유지를 위해서는 개념적, 사회적 기술보다는 사업체 현장에서 작업자에게 실질적으로 요구되는 작업기술과 작업태도 등 직접적인 생산성과 관련된 직업적 기술이 중요함을 알 수 있다. 따라서 정신지체인에 대한 직업재활은 작업현장에서 실제적으로 적용할 수 있는 직업기술과 관련된 프로그램제공이 중요하다는 것이 실증적으로 입증되었다. 이와 같은 연구결과를 정신지체인의 직업성공과 직업실패, 고용안정과 관련하여 정신지체인의 직업적 제 특성을 부분적으로 적용하여 검증한 선행연구와 비교할 때, 본 연구에서는 정신지체의 직업적 제 특성 전체를 검증함으로써 연구결과의 외적 타당도를 높였다는 것에도 이론적 함의를 찾을 수 있다.

둘째, 정신지체인의 직업유지 요인을 생태체계적인 관점에서 파악함으로써, 정신지체인의 직업유지에는 매우 다양한 요인들이 영향을 미치는 것으로 밝혀졌다. 즉, 일반학교 교육보다는 특수학교에서의 교육, 서비스직종보다는 생산직종, 가족과의 동거보다는 독거나 기숙사 그리고 종업원 수가 적고 장애인 수가 많으며 작업지도원이 배치되어 있고 복리후생시설 수가 많을수록 직업유지 기간이 길거나 이직횟수가 감소하는 것으로 나타났다. 특히, 정신지체인의 직업유지에 영향을 미치는 것으로 특수학교 교육이 효과적인 것으로 나타남으로써 통합교육에 대한 사회적 욕구가 증대되고 있는 시점에서 통합교육의 교과과정에 대한 논의가 필요할 것이다. 또한, 정신지체인의 고용안정을 위한 고용관리 측면에서 제도화된 작업지도원 배치가 실제적으로 영향을 미칠 수 있음을 보여주는 연구결과는 이론적, 실천적 양자의 측면에서 중요한 의의를 갖는다. 그러나 장애등급이 낮고, 임금이 높을수록 직업유지가 길 것이라는 일반적인 가정들은 정신지체인의 직업유지에는 영향을 미치지 못하는 것으로 나타났다.

2. 실천적 함의

본 연구에서는 양적 조사를 통하여 정신지체인의 개인적 측면의 직업능력 관련요인들이 직업유지에 영향을 미친다는 것을 밝혔다. 이와 같은 조사결과를 토대로 하여 장애인 직업재활 실천에서의 사회복지적 측면의 실천개입 방안을 제시하고자 한다.

1) 직업재활프로그램 제안

첫째, 취업 이전의 정신지체인에 대한 직업재활서비스는 직업적 기술 중심의 프로그램으로 운영되어야 한다. 본 연구결과, 정신지체인의 직업유지를 위해서는 직업생활 태도, 작업도구 수행능력, 작업동료와의 협조성, 직업적 행동특성 등 직업적 기술요인이 가장 많은 영향을 미친다는 것이 입증되었다. 즉, 안정적인 직업생활을 위해서는 출퇴근 및 회사규칙 준수, 일에 대한 책임감, 적극적인 작업자세, 작업내용과 작업순서 익히기, 작업동료에 대한 협조와 지원요청, 작업 중 정서적 안정과 감정적 태도 등에 관한 능력들이 직업생활 유지에 중요한 요인으로 작용하였다. 따라서 취업 이전의 직업전환 프로그램, 직업적응 훈련, 직업 전 준비훈련 프로그램에서는 이와 같은 직업적 기술들이 중점적으로 습득되어야 할 것이다.

이를 위해 구체적인 방안을 제시하면 직업재활 수행기관[28]에서 실시하고

---

[28] 직업재활 수행기관이라 함은 '장애인 고용촉진 및 직업재활법' 제8조에 의거 장애인 고용촉진 및 직업재활 사업을 수행할 목적으로 보건복지부 장관으로부터 허가를 받은 장애인시설이나 기관을 말한다. 즉, 장애인복지관, 장애인 보호작업장, 장애

있는 정신지체인에 대한 직업적응 훈련프로그램의 방향을 직업적 기술훈련 중심으로 강화해야 한다. 즉, 2004년 10월 현재 직업재활 수행기관 166개 소 중 120개 소에서 한국 장애인고용촉진공단으로부터 인력 및 사업비의 지원을 받아 정신지체인에 대한 적응훈련 프로그램을 실시하고 있는데, 직업적 기술에 대한 체계적이고 효과적인 프로그램이 마련되어 있지 않고 일상생활 훈련이나 사회성 훈련에 치중하고 있다. 물론 본 연구에서도 밝혀졌듯이, 단순히 취업만을 위해서는 일상생활 기술이나 사회성 기술도 중요한 요인이 되겠지만 고용의 질적인 측면인 직업유지를 위해서는 직업적 기술에 대한 능력이 필요한 것이다. 실제로 서울소재 A복지관에서 2004년 2/4분기에 실시한 적응훈련 프로그램 내용을 보면 일상생활 훈련 30%, 사회성 훈련 30%, 직업적 기술훈련 40%로 구성되어 있다. 그나마 직업적 기술훈련에 가장 많이 할애하고 있으나, 직업적 기술훈련의 내용을 보면 대부분의 시간을 외부 사업체로부터 물량을 하청 받아 단순조립을 하고 있는 실정이다(한국 장애인고용촉진공단 서울남부지사 내부자료, 2004). 따라서 직업재활 실시기관에서 직업적 기술에 대한 체계적이고 효과적인 훈련을 위해서는 본 연구결과에서 밝혀진 직업적 기술요인을 고려한 직업적응 훈련의 지침 수정이 불가피하다. 정신지체인에 대한 직업적응 훈련이 중요한 것은 지원고용이나 취업알선서비스 등 상위의 서비스를 받기 위한 기초단계에서의 훈련이 되기 때문이다.

취업 이전의 직업적 기술능력을 배양하기 위한 다른 방안으로 일본에서 실시하고 있는 정신지체인의 모의작업장 형태에서의 직업 전 준비훈련 프로그램 도입을 들 수 있다. 모의작업장의 직업 전 준비훈련 프로그램은 고용사업체와 유사한 작업장을 직업재활 실시기관에 재현하여 실전훈련을 통하여 고용으로 연계하는 프로그램을 말한다.[29] 모의작업장 형태에서의 직업

인 훈련시설, 장애인 작업시설 등을 말하며, 2004년 10월 현재 전국에 166개 소가 지정되어 있다.

29) 일본에서 실시되고 있는 모의작업장 형태의 직업 전 준비훈련은 정신지체인의 사업

전 준비훈련 프로그램의 내용을 보면 크게 직업적 기술과 사회적 기술프로그램으로 구분되어 실시되고 있는데, 특히 사회적 기술훈련 프로그램에서는 금전관리와 작업장 안전에 관한 능력을 배양할 수 있도록 구성되어 있다. 이는 본 연구의 직업유지에 영향을 미치는 요인분석에서 조사대상자의 금전관리 능력과 안전능력이 높을수록 직업유지 기간이 유의하게 증가한 것으로 나타난 결과를 지지하는 프로그램으로 볼 수 있다. 따라서 모의작업장 형태에서의 직업 전 준비훈련은 직업생활에 필요한 실제적인 직업적 기능과 사회적 기능을 함께 배양할 수 있다는 장점이 있다. 일본의 장애인 고용사업체의 환경은 기업의 문화와 조직, 고용형태 등에 있어서 우리나라와 유사한 부분이 많기 때문에 이와 같은 프로그램을 도입하여 우리의 실천현장에 맞도록 적용하면 직업유지의 효과가 있을 것으로 예측된다.

둘째, 현장(사업체) 직무 중심의 직업재활프로그램이 제공되어야 한다. 본 연구결과에서 직업유지의 예측요인으로 밝혀진 직업적 기술들은 대부분 실제적인 작업현장에서 작업자에게 요구되는 기능들이며 이는 또한 생산성과 직결되는 기능들이다. 따라서 사업체에서 정신지체인을 채용할 때에는 개념적, 사회적 기능이 뛰어난 사람보다는 생산성과 관련이 깊은 직업적 기능이 뛰어난 사람을 선호하게 될 것으로 추측된다. 이와 같은 결과에서 보면 현장의 직무 중심의 직업재활이 중요함을 알 수 있다.

이와 같이 현장의 직무 중심의 직업재활이 중요한 것은 선행연구에서도 밝혀졌듯이 정신지체인들은 한 세팅에서 학습된 행동을 다른 세팅에서 일반화하기 어렵다는 특성에서도 알 수 있으며, 이러한 특성에서 비롯된 것이

체 현장 적응력을 높이기 위하여 사업체의 작업장을 직업재활 실시기관에 그대로 재현한 것을 말한다. 직업재활 실시기관의 사회복지사들이 사장, 부장, 과장, 작업반장 등의 역할을 하여 상하관계의 역할구분과 대인관계에 대해 자연스럽게 적응하도록 하고 또한, 출퇴근, 작업복 갈아입기, 작업시간 준수, 휴식시간, 회사규칙, 작업도구 사용 등을 통하여 작업습관과 직무기술을 익혀서 예비 근로자로서 적응력을 높여나간다. 모의작업장에 대한 자세한 설명은 한국 장애인고용촉진공단에서 번역·발간한 '일본 중증장애인 직업준비 훈련 매뉴얼(1998)'을 참조하기 바란다.

지원고용 프로그램이다. 그러나 본 연구결과에서는 취업자의 절반가까이가 지원고용 프로그램을 통하여 취업에 성공하였으나 직업유지 기간이나 이직 경험 횟수를 줄이는 데는 다른 직업재활프로그램과의 비교차이에서 유의한 영향을 주지 못한 것으로 나타났다. 즉, 지원고용 프로그램이 정신지체인의 취업을 위한 결정요인은 될 수 있으나, 취업 이후의 직업유지를 위한 결정 요인으로는 작용하지 못하였다.

따라서 현재 실시되고 있는 지원고용의 체계30)를 일부 수정하거나 탄력 적으로 운영할 필요가 있다. 즉, 우리나라에서 1990년대 중반 이후 시행되 기 시작한 지원고용은 이제 정신지체인의 취업수단으로 자리잡아가고 있다. 정신지체인의 특성상 특정 세팅에서의 훈련을 통해 사업체가 필요로 하는 기능을 선 습득해야 채용이 용이하다. 예전에는 한국 장애인고용촉진공단이 나 일부 장애인복지관에서만 실시하던 지원고용을 2000년 관련법 개정 이 후 전국의 많은 직업재활 수행기관에서도 실시하고 있으며, 각 기관의 중증 장애인의 주요한 취업수단이 되고 있다. 따라서 지원고용이 여러 기관에서 보편적인 제도가 되었으므로 취업에 초점을 둔 제도가 아니라 지원고용 이 후 취업된 사업체의 직장적응 및 고용안정을 위한 직업유지 프로그램으로 자리매김 되어야 할 것이다.

지원고용이 가장 먼저 시행된 미국의 경우에는 사업주와 고용계약을 맺은 다음 개별배치 모델, 소집단모델, 이동작업단 모델, 소기업모델 등 다양한 모델을 개발하여 사업체에 적용·운영하고 있으며, 일본의 경우에도 지원고 용의 단계를 도입기, 적응기, 실무기, 실천기 등으로 구분하여 훈련기간을 개인별 특성을 고려하여 최장 1년 가까이 적용하고 있다(障害者職業總合セ

---

30) 우리나라의 장애인 직업재활 실시기관에서 실시하는 지원고용 프로그램의 운영과정 및 지원체계를 보면 지원고용대상자 선발⇨사업체 선정 및 직무조사⇨직무지도원 선정⇨훈련준비 오리엔테이션⇨사업체배치 및 훈련(준비훈련 6일 이내, 현장훈련 3주, 현장훈련 4주)⇨현장훈련 중간점검⇨현장훈련 최종 평가회 개최⇨고용계약 및 재취업알선⇨작업지도원 배치⇨취업 후 적응지도로 구성되어 있다(한국 장애인 고용촉진공단 내부자료, 2004).

ンター, 2002).

셋째, 취업 이후 직업유지 프로그램으로서 「직장적응 ⇨ 직무적응 ⇨ 자기적응」으로 시스템화 되어야 한다. 취업 이후 직업유지를 위해서는 우선 직장에 적응하는 것이 중요하다. 본 연구에서 밝혀졌듯이 노동습관, 직업생활 태도, 작업동료와의 관계 등이 직업유지를 위한 결정요인으로 작용하고 있다. 따라서 사회생활이나 학교생활과는 다른 조직으로 구성된 기업의 문화를 이해하고 직장의 규칙에 적응하도록 하고, 아울러 일일 8시간의 정규 근로가 가능하도록 체력을 키우는 것도 중요하다. 이와 같이 직장적응을 하도록 한 다음에는 직무에 적응하는 것이 중요하다. 회사 조직 안에는 수많은 종류의 직무가 있다. 동일한 직무라도 각자의 적성에 따라 선호하는 것이 다르고, 적성일치는 높은 생산성과 장기적인 직업유지로 이어질 수 있다. 따라서 정신지체인에 대해서도 정신지체의 특성과 개인의 적성을 감안하여 직무분석을 통한 직무에 배치하여 적응토록 하여야 한다. 이를 토대로 하여 직장적응과 직무적응이 잘 이루어진다면 직장에 대한 자기적응이 강해지면서 장기적인 직업유지가 가능해질 것이다.

2) 적합직종 개발에 의한 직무배치

본 연구의 〈표 4-2〉의 결과에서 밝혀진 조사대상자 고용사업체의 직종을 보면 대부분이 섬유생산직에서의 단순노무나 전자기계 생산직에서의 단순부품 조립 등으로 나타났다. 이와 같은 단순생산직에서의 고용환경은 업무의 단순함으로 인하여 임금이 낮고, 작업환경이 열악하고 영세한 사업장이 많다. 따라서 고용안정이 어렵고 또한 경기변동과도 밀접한 관련이 있기 때문에 도산과 폐업에 따른 실직의 위험이 높다고 볼 수 있다. 실제적으로 본 연구의 조사대상자 중 이직경험자 179명에 대해 이직한 마지막 직장에서의 이직사유를 분석한 결과 부도 및 폐업, 고용조정, 작업장 안전문제, 저임금 등 사업체 환경요인이 전체에서 약 43%를 차지하였다.

그러므로 현대의 고도산업 사회, 지식과 정보화 사회에 부합할 수 있는 고부가가치의 직종이 정신지체인에 대해서도 개발되어야 만이 고용안정과 직업유지를 보장할 수 있다. 최근 미국에서 지원고용 프로그램을 통하여 시도되고 있는 정신지체인의 직종을 보면 관리인, 음식서비스 근로자, 식료품 점원, 식당의 웨이터 조수, 주유소 주유원, 학교버스 조수, 호텔 잡역부, 상점 재고 관리원, 수의사 조수, 자료 입력원, 아동보호 보조자, 서류 정리원 (김정렬, 1999) 등으로 나타났다. 이와 같은 직종들은 근무형태가 유연하고 생산직종에 비해 부가가치가 높기 때문에 직업유지의 가능성을 향상시킬 것으로 보인다.

그러나 본 연구에서 나타난 정신지체인의 직종에서도 세차원, 패스트푸드점 주방보조, 노인병원내의 간병보조 등 서비스직종에서 고용이 이루어지고 있으나 생산직에 비해 이직경험 횟수가 유의하게 높고 직업유지 기간 또한 유의하게 짧게 나타났다. 이러한 원인은 서비스직종에서의 고용이 보편화되어있지 않고, 또한 정신지체인의 욕구와 적성을 반영하여 가장 적합한 직무를 선택하기보다는 우선 당장의 취업에 염두를 둔 결과로 보인다. 따라서 취업 이전에 정신지체인의 행동특성, 직업적 제 능력, 적성 등을 고려하여 직업능력 평가를 실시하고 이에 적합한 직종을 개발하여 적합한 직무에 배치하여야 한다.

3) 직업적 기술 측면에서의 직업능력 판정제도 도입

본 연구결과에서는 장애등급 간의 차이가 직업유지 기간이나 이직경험 횟수에 별다른 영향을 미치지 못한 것으로 드러났다. 즉, 지적 수준의 정도에 따른 1급, 2급, 3급간의 차이에서 직업유지 기간을 높이거나 이직경험 횟수를 줄이지는 못하였고, 오히려 이직경험 횟수에서는 장애등급 3급이 2급보다 유의하게 높게 나타났다. 따라서 정신지체인에 대한 현행 장애판정 기준은 직업재활 실시기관에서는 새로이 검토되어야 한다.

우리나라의 장애진단은 재활모델에 입각한 의료적 측면에서 해당 전문의들이 의학적 기준에 따라 판정하고 있고, 판정결과는 장애인들이 복지정책이나 사회서비스를 필요로 할 때 일차적 기준이 되고 있다. 그렇다면 장애판정 기준은 모든 사회적 서비스를 포함하고 있어야 하고, 이를 위해서는 정신지체인의 경우 현행의 지적 측면 기준을 포함하여 사회성 측면과 직업적 기술 측면을 종합적으로 고려하여야 한다. 더욱이 장애인 직업재활 실천현장에서는 직업재활서비스를 제공할 때에 직업능력이 우선시되어야 하기 때문에 현행의 장애등급은 무용지물이 되고 만다. 그럼에도 불구하고 장애인 고용촉진 및 직업재활법에 의한 사업주 지원제도 등에서는 현행의 장애등급을 기준으로 제도를 적용하고 있다. 이는 결국은 본 연구결과에서도 나타났듯이 지적 수준이 높다고 해서 반드시 사회성이나 직업적 기술능력이 높은 것이 아니고 반대로 지적 수준이 낮다고 해서 반드시 사회성이나 직업적 기술능력이 낮은 것이 아니기 때문에 모순된 결과를 반영하고 있는 것이다.

따라서 장애인 직업재활 실시기관에서는 본 연구에서 직업유지에 가장 뚜렷한 영향을 미치는 요인으로 나타난 '직업생활 태도', '작업도구 수행능력', '작업동료와의 협조성', '직업적 행동특성'에 관한 요인을 중심으로 하여 직업적 기술능력을 측정할 수 있는 도구를 개발하고 이를 장애판정 지침에 적용하여야 할 것이다. 이를 통하여 개인에게 가장 적합한 직업재활프로그램을 적용할 수 있고 나아가서는 적절하고 합당한 사회적 서비스가 제공될 수 있을 것이다.

4) 직업재활 전문가 개입

본 연구에서는 직업재활 전문가의 개입이 높을수록 직업유지 기간이 증가하고 이직경험 횟수가 감소하는 경향이 있는 것으로 밝혀졌다. 이러한 결과는 선행연구에서도 정신지체인의 직업성공과 고용안정 등에 직업재활 전문가의 긍정적인 태도가 영향을 미친다는 것과 마찬가지 결과로 나타났다. 이는 정신지체인의 직업유지를 위해서는 직업재활 전문가의 역할이 얼마나 중요한지 보여주는 대목이다. 그러나 선행연구에서 직업재활 전문가와 함께 가족의 지지도 중요한 요인으로 제시하였으나, 본 연구에서는 가족의 지지는 유의한 경향이 나타나지 않았다. 이는 특히, 정신지체 가족의 경우에는 다른 장애유형에 비해 유년기의 양육과정에서부터 밀착된 보호관계가 성인이 되어서는 과보호로 나타나면서 오히려 독립적인 사고와 행동이 필요한 직업생활에서는 부정적인 요인으로 작용한 것으로 해석할 수 있다.

따라서 정신지체인의 직업유지를 위해서는 가족의 지지보다는 전문가의 지지가 더욱 효과적임을 알 수 있다. 그럼에도 불구하고 직업재활 실시기관의 경우에는 직업재활 담당자들의 잦은 이직과 보직변경 등으로 자주 바뀌고 이로 인하여 사후 적응지도가 어렵게 된다거나 대상자와의 신뢰관계가 약해지면서, 결국에는 직업유지 기간을 단축시키고 이직의 실마리를 제공하게 되는 것이다.

또한, 사회복지분야에서 장애인 직업재활 영역에 대한 역사가 일천하여 장애인 직업재활 전문가에 대한 체계적인 교육과 훈련프로그램이 빈약한 편이다. 장애인 직업재활 전문가는 직업재활의 원칙 및 실천기술, 장애특성, 경기변동과 고용환경, 직종 및 직무에 대한 지식을 필요로 한다. 이는 결과적으로 직업재활 실천가의 전문성이 향상된다면 직업유지 기간을 높이고 이직경험 횟수를 줄이는 효과가 있을 것이다.

3. 정책적 함의

본 연구에서는 정신지체인의 직업적 기술능력의 정도가 직업유지 기간을 증가시키거나 이직경험 횟수를 감소시키는 효과와 관련되어 있음이 밝혀졌다. 즉, 정신지체인의 개념에 해당되는 개념적·사회적·직업적 기술의 제한성 가운데 직업적 기술능력 요인이 직업유지와 이직감소의 효과에 관련된다는 것을 보여주었다. 이러한 연구결과는 직업적 기술요인에 해당되는 직업생활 태도, 작업도구 수행능력, 작업동료와의 협조성, 직업적 행동특성에 대한 능력들이 직업을 유지하거나 이직을 최소화시키는 데 매우 유용한 변수임을 명확히 제시하고 있다.

우리나라는 1990년 장애인 고용촉진 등에 관한 법률이 제정되고, 뒤이어 2000년에 장애인 고용촉진 및 직업재활법으로 전면 개정되면서 정신지체인을 포함한 직업적 중증 장애인들이 직업의 기회를 가질 수 있는 근거가 마련되었다. 그러나 법·제도적인 지원이 있더라도 정신지체인이 노동시장으로 진입하기 위해서는 극복해야 할 많은 사회적 장벽들이 있다. 즉, 사업주의 정신지체에 대한 잘못된 인식과 편견, 작업환경의 위험성, 적합직종 부재 등이다. 이로 인하여 정신지체인에 대한 취업의 기회가 주어지지 않고, 또한 취업을 한다 해도 저급한 기술의 단순반복적인 임시 노무직이 많기 때문에 직업유지에 어려움을 겪고 잦은 이직으로 연결되는 것이다.

따라서 여기에서는 본 연구결과를 토대로 하여 정신지체인의 직업유지를 위한 법·제도적 측면에서 정책적 함의를 제시하고자 한다.

1) 법·제도 내에 정신지체인 고용지원 및 직업적 기능강화

정신지체인에 대한 일반고용을 활성화시키기 위해서는 무엇보다도 법제도 개선이 필요하다. 일본의 경우 정신지체인을 포함한 중증장애인 고용을 위한 특례자회사[31] 설치나 2배 수 고용제[32]를 통하여 정신지체인의 고용을 활성화시키고 있고, 아울러 장기적인 고용안정을 유도하기 위하여 건강상담의 위촉, 직무지도원 위촉, 주택임차비 지원, 사내 후견인 제도 등을 제도

---

[31] 일본의 특례자회사 제도는 1982년 제3섹터방식에 의해 제도화된 것으로서 민간기업과 정부 및 지방자치단체가 공동으로 자본금을 출자하여 설립한 기업형 중증장애인 고용사업체이다. 자본금 출자방식은 민간기업이 51%, 정부 및 지방자치단체가 49%를 부담하고 있으며, 설립조건은 전 종업원에 차지하는 중증장애인 비율이 30% 이상이어야 한다(若林之 . 1995). 2004년 10월 현재 약 154개의 특례자회사가 설치 운영되고 있다(일본장해자고용촉진협회 내부자료, 2004)

[32] 일본 장해자고용촉진 등에 관한 법률에 의하면 의무고용 사업주가 중증장애인을 고용할 경우에는 1인을 2인으로 간주하여 고용률에 산정하도록 되어있다. 중증장애인의 법적 기준은 장애인등급에서 1급과 2급의 신체장애인과 정신지체인, 45세 이상의 신체장애인과 정신지체인으로 규정하고 있다.

속에서 활용될 수 있도록 보장하고 있다. 또한, 정신지체인의 경우 본 연구에서도 밝혀졌듯이 대기업보다는 중소기업에서 고용이 활성화되고 있는 현실을 감안하여 장애인 고용의무 대상사업체를 중소사업체까지 단계적으로 확대하여 나가야 할 것이다. 다행히 2004년 1월 「장애인 고용촉진 및 직업재활법」 개정으로 1990년 장애인의무고용제도 도입 이래 그간 13년간 300인 이상 사업장으로만 한정되어 왔던 의무고용사업체의 대상 범위가 50인 이상 사업장으로 확대된다. 이로써 2004년 현재 50인 이상 사업체(2만 1천여 개)가 의무적으로 고용하여야 할 장애인 근로자는 3만7천여 명으로 추정되어 이 만큼의 장애인 일자리가 확대되는 효과를 기대할 수 있을 것이다(한국 장애인고용촉진공단 내부자료, 2004).

그러나 개정법에 의하면 장애인 의무고용사업체가 의무고용 비율 2%에 미달할 경우에 적용하는 장애인 고용부담금을 100인 미만의 사업체에 대해서는 부과하지 않도록 되어 있기 때문에 그 실효성에 대해서는 의문의 여지가 있다. 따라서 100인 미만의 사업체에 대해서도 장애인 고용부담금을 적용하여 사업주에 대한 고용지도를 강화하는 한편, 장애인 고용을 위한 작업시설이나 설비 등에 대한 지원확대와 조세감면, 세제상의 우대조치 등 정부의 지원책을 통하여 고용을 유도하여 나가야 할 것이다.

마지막으로, 본 연구결과에서 직업유지 기간이나 이직경험 횟수, 이직경험 유무에 결정적 요인으로 밝혀진 직업적 기능을 강화시킬 수 있는 법제도 신설이다. 현재 직업재활사업 수행기관에서 실시하고 있는 직업적 기능 훈련은 주로 사업체로부터 수주를 하청 받아 단순한 기능의 훈련을 하고 있다. 때문에 이들의 기관들은 하청을 줄 수 있는 사업체 개발과 수주 물량확보가 가장 큰 관건이다. 따라서 직업재활 수행기관에서 하청업체를 개발하고 장기적이고 안정적으로 물량을 확보하는 것은 무리가 있다. 따라서 사업체가 직업재활 실시기관 등에 하청업체로 참여하는 경우에는 세제혜택 등 지원조항을 신설한다면 장기간의 물량 확보로 정신지체인의 다양한 기술훈련을 가능하게 될 것이다.

2) 관련기관 간 종합적인 고용지원 네트워크 구축

본 연구결과에서도 나타났듯이 정신지체인의 취업과 직업적응력을 향상시키기 위해서는 직업생활과 관련된 기술적 측면에서의 지원이 매우 중요하다. 따라서 이들의 직업적 기능을 향상시키고 직업생활을 보장하기 위해서는 노동행정관련 기관을 비롯하여 보건복지관련 기관이나 시설, 교육기관, 사업주단체 등 관련기관 간의 폭 넓은 연계가 필요하다. 즉, 정신지체인의 개별적 장애특성을 감안하여 장기적인 시점에서 단계별 시의 적절한 지원을 효과적으로 제공하기 위해서는 각 지원 기관 간의 명확한 역할 분담 하에 협력적인 대응관계를 유지하여 종합적인 네트워크를 구축하고 취업 이전과 취업, 취업 이후로 구분하여 각 기관별 특성에 맞게 지원되어야 한다.

특수학교는 초등부 단계부터 직업교육에 대한 프로그램이 시작되어 중등부 고등부의 과정을 거침으로써 졸업 이후 고용으로 연결될 수 있는 준비과정에 해당한다. 정신지체인이 특수학교 고등부에 재학하면서 직업교육이 이루어지고 바로 취업이 가능한지 아니면 지역사회 내의 다른 장애인관련 기관에서 직업훈련을 강도 있게 받을 것인지 등 지역사회의 환경과 조건을 검토하여 프로그램을 구성하고 적용하여야 할 것이다. 이러한 특수학교의 노력이 한국 장애인고용촉진공단이나 직업재활 실시기관으로 연결되어 계속적인 고용계획이 수립되고 시행되어야 할 것이다. 관련기관 간의 협력 없이는 고용 프로그램의 효과성이나 효율성을 기대하기 어렵게 된다(오혜경, 1999).

취업에 있어서는 장애특성이나 정도를 감안하여 적재적소의 배치를 위해서는 한국 장애인고용촉진공단과 직업재활 수행기관 등이 지역의 사업주단체나 노동부 지방사무소와 긴밀한 연계를 가져야 하며, 취업 이후에 있어서도 생활적인 측면을 지원하기 위하여 구직등록 이전에 생활하고 있던 장애인시설이나 복지관련 단체의 협력이 동반되어야 한다.

3) 고용환경 조성

정신지체인의 고용을 확대하기 위한 고용환경의 조성으로 먼저 일반 국민과 관련인의 인식전환을 들 수 있다. 정신지체인도 취업이 가능하다는 점을 일반국민, 사업주, 고용담당자가 새롭게 인식해야 할 필요가 있다. 본 연구의 제4장의 제2절에서 조사대상자들의 독립변수의 하위 변인의 기술통계 결과에서도 밝혀졌듯이 조사대상자들의 개념적·사회적·직업적 기술에 대한 전체 평균이 5점 척도에서 3점 이상으로 높게 나타났다. 이와 같은 결과에서 알 수 있는 것은 개인적 능력 측면에서는 직업생활이 충분히 가능하다는 사실을 입증해주고 있다.

그럼에도 불구하고 비장애인들이 지닌 정신지체인에 대한 가장 보편적인 인식은 머리 나쁜 사람 정도일 것이다. 즉, 인지능력이 저하되어 있다는 정도는 인지하고 있으나 이러한 인지능력의 저하가 어떠한 행동특성과 관련이 있는지는 정확히 알지 못한다는 것이다. 사실, 정신지체인은 외관상 확연히 나타나지 않는 장애로 인한 사업주의 오해 때문에 취업 이후의 적응상에 더 많은 어려움을 겪을 수 있으며, 이는 직업유지에 영향을 주기도 한다. 또한 저하된 인지능력을 지닌 사람이라는 정신지체인에 대한 비장애인의 장애인식은 그들을 아무것도 할 수 없는 대상으로 여기게 함으로써 일정한 교육과 훈련을 통하여 작업습득이 가능한 대다수의 정신지체인의 취업기회를 박탈하게 하기도 한다.

이와 같은 현실은 정신지체인을 고용하고 있는 사업주들을 대상으로 채용동기에 대한 설문조사(松林弘助, 1979)에서도 잘 나타나고 있다. 조사결과에 의하면 '직업능력'보다는 '노동력 확보'차원에서 고용한 경우가 많은 것으로 나타났다. 이는 본 연구에서 밝혀진 정신지체인의 고용사업체가 대부분 소규모 영세사업체인 것에서도 알 수 있으며, 또한 이러한 결과는 사업주가 정신지체인의 직업적 능력을 고려하고 채용하는 것보다는 경기가 호황일 때는 구인난으로 정신지체인을 쉽게 채용하였다가 경기가 악화되면 쉽게 해고될 수 있음을 시사한다. 따라서 본 연구결과에서 나타난 객관적인 직업능력이 반영될 수 있는 고용환경 체계구축이 중요하다.

다음으로는 정신지체인의 권익보호를 통하여 고용환경이 개선되어야 한다. 정신지체인도 인간으로서 대우받아야 하며, 비록 개별적인 차이가 있을 수 있으나, 그 차이자체도 인간이 지닌 독특성으로 인정을 해야 할 것이며, 그 차이가 인간의 존엄성이나 평등성에 영향을 미칠 수는 없다. 이들도 적절한 환경과 지원을 통하여 고용이 가능하므로, 고용프로그램은 개인의 필요와 능력에 따라 개별적으로 제공되어야 한다. 정신지체인의 고용과 관련하여 모든 사람은 고용조건, 임금결정, 작업환경, 지역사회 생활 등에서 장애를 이유로 불이익을 당하지 않도록 노력해야 한다.

특히, 사업주의 경우 고용결정과 고용안정에 직접적인 영향을 미치고 있기 때문에 고용에 대한 적극적인 의지가 필요하다. 일본의 예를 살펴보면 경제불황으로 직격탄을 받은 장애인들의 고용활성화를 위하여 일본 경영자연맹이 연맹에 가입된 회원사업체를 대상으로 긴급 고용안정 프로젝트 사업의 일환으로 시험고용 프로그램[33]을 실시하고 있다. 이는 3개월간의 시험고용을 통하여 장애인 고용을 시도하는 것으로서 2002년도부터는 후생노동성으로부터 예산을 지원받아 연간 2000명 정도의 고용을 창출하고 있다. 이 외에도 시설에서의 수산작업장[34]을 기업 내에 설치하여 일반고용으로 유도하는 「시설 외에서의 수산활용에 의한 취업촉진 모델사업」등도 실시하고 있다.

---

33) 장애인의 고용기회를 확대하기 위해 2002년부터 시행된 이 프로그램은 장애인 근로자를 관리하는데 대한 지식이나 경험이 없어 장애인 고용을 주저하는 기업을 대상으로 '시험고용제'를 도입케 함으로써 장애인에 대한 풀타임 정규직 기회를 제공하는 데 있다. 시험고용제 적용기간은 3개월이며, 시험고용 기간의 고용계약은 고용주와 장애인간에 근로기준법 등 노동관련 법규에 따라 체결되고, 시험고용 기간이 종료된 후 시험고용제를 시행한 고용주에게는 시험고용 장려금이 지급된다. 참고로, 2003년도 시험고용은 3,162건이 시행되었고, 그 중 81.1%가 시험고용 기간 종료 후 정규직으로 전환되었다(嵩 제部, 2004).

34) 수산작업장은 수산시설 내에서의 작업을 말한다. 수산(授産)이라는 말은 산업을 받는다는 것을 의미한다. 일본의 수산시설은 복지고용 형태에서 일반기업으로의 취업이 어려운 중증의 신체 및 정신지체인을 대상으로 직업에 필요한 훈련과 더불어 취업의 기회를 확보하는 것을 목적으로 하고 있다. 복지적 취로형태이기 때문에 최저임금법이나 사회보험 등이 적용되지 않으며 작업량에 따라 훈련수당을 받고 있다(厚生省社會局生活課. 1995).

또한, 직장 내 동료들의 정신지체인에 대한 이해와 협조가 절실하다. 본 연구결과에서 직장 내 동료관계가 좋을수록 직업유지 기간이 긴 것으로 조사되었는데, 이는 근무시간 내내 같은 작업장에서 근무하는 비장애 직장동료의 역할이 중요함을 암시한다. 직장동료의 정신지체인에 대한 인식개선 및 동료관계 형성을 위해서는 정신지체인에 대한 정신지체인 취업 담당기관의 지속적 관리가 필요하며, 이에 대해 제도적 장치마련 및 지원을 해야 한다. 이를 위한 하나의 방안으로서는 작업지도원의 전담배치와 직업생활 상담원을 적극 활용하는 것이다. 작업지도원 배치와 역할의 중요성은 본 연구결과에서 직업유지 기간을 높이고 이직을 감소시키는 데에 효과적인 것으로 나타났고, 선행연구 결과에서도 마찬가지 결과로 나타났다. 따라서 현재의 관련법에서는 사업체의 일반직원이 작업지도원과 직업생활 상담원을 겸하도록 되어 있으나, 체계적이고 전문적인 역할을 수행하기 위해서는 전담배치가 필요하며 이를 위한 방안으로 관련법이 개정되어야 하겠다.

제3절 연구결과의 의의

본 연구가 갖는 의의는 다음과 같다

첫째, 정신지체인의 개념적 특성을 바탕으로 한 직업적 제 요인들이 직업유지에 어떠한 영향을 미치는지 실증적으로 규명한 연구이고, 아울러 정신지체인에 대한 직업유지 요인을 밝히는데 종단적 기법을 병행하였다는 점에서 큰 의의가 있다. 즉, 조사시점에서 과거 2년 전 취업알선서비스를 받은 자를 대상으로 하여 직업유지 기간과 이직경험 횟수, 이직경험 유무에 미치는 요인을 규명하고, 아울러 2년 동안의 직업유지 기간, 이직경험 횟수, 미취업, 재취업 등의 변화과정을 한국 장애인고용촉진공단의 원 자료를 활용하여 분석하였다. 따라서 기존의 연구들이 현재 취업자나 이직자만을 대상으로 한 제한적인 연구 경향에서 탈피하여 과거시점을 적용하여 연구결과의 외적 타당도를 높였다고 볼 수 있다.

둘째, 정신지체인의 직업유지 요인을 밝힌 것은 사회복지 분야에서는 처음으로 시도된 연구라는 점이다. 기존의 연구들이 취업실태, 직업성공, 고용안정 등 고용의 양적 측면인 취업에 초점을 두었다면, 본 연구에서는 고용의 질적 측면인 직업유지에 초점을 두었다. 이는 장애인 고용은 단순한 취업이 중요한 것이 아니라 직업유지라는 고용성과에 사회적 가치를 두고 있기 때문이다. 특히, 대부분의 장애인 직업재활 실시기관에서는 정신지체인의 취업을 위해서는 일상생활 훈련이나 사회성훈련이 중요하다고 인식하면서 이들에 대한 훈련에 치중하고 있는 현실을 비추어 볼 때, 본 연구결과에서 직업유지를 위해서는 직업적 기술능력이 중요함이 새롭게 밝혀짐으로써 직업재활 실시기관의 정신지체인에 대한 실제 프로그램 개발이나 적용에 있어서 중요한 단서를 제공할 수 있다.

셋째, 직업유지 요인을 밝히는 데 정신지체인의 개념과 특성을 적용하여 직업유지 기간과 이직경험 횟수, 이직경험 유무로 측정하였다. 이는 정신지체인이 갖고 있는 특성과 개념을 직업유지 요인에 총체적으로 분석할 수 있었다는 데 의의가 있다.

넷째, 우리나라의 장애인 직업재활 기관의 대표성을 띠고 있는 한국 장애인고용촉진공단의 대상자들을 중심으로 분석하였기 때문에 우리나라 정신지체인 직업재활 사업의 효과성을 검증하였고, 이에 대한 결과를 한국 장애인고용촉진공단의 직업재활 사업에 반영해나갈 수 있다.

다섯째, 그간의 정신지체인에 대한 연구가 소수 지역을 대상으로 실시되어 왔으나, 본 연구는 개인적 연구로서는 드물게 전국의 정신지체인을 대상으로 실시하여 연구결과를 전국으로 일반화 할 수 있는 기틀을 마련하였다.

마지막으로는 정신지체인의 직업유지에 관한 이론적 기여로서 예측요인들을 밝히고 영향력의 정도를 제시하였다는 것이다.

제4절 연구의 한계와 후속과제

본 연구가 갖는 한계와 후속과제는 다음과 같다.

첫째, 본 연구의 대상을 한국 장애인고용촉진공단 13개 전국 지사에서 취업알선서비스를 받은 정신지체인으로 한정하였다. 정신지체인에 대한 취업알선서비스를 제공하고 있는 기관은 장애인관련 기관 및 시설, 단종복지관, 특수학교 등이 있으나 이들 기관에서 취업알선서비스를 받은 정신지체인들은 연구대상에 포함시키지 않았다. 이는 한국 장애인고용촉진공단과 이들 기관 간의 직업재활서비스 체계 및 조사대상자에 대한 기록양식과 기록방법 등이 미미하게 차이가 있기 때문이다. 그러나 이러한 한계를 최소화하기 위하여 장애인복지관 중에서 직업재활 수행기관으로 지정된 주요 복지관은 일부 포함하였다.

둘째, 정신지체인의 직업유지에 영향을 미치는 요인들을 총체적으로 살펴보면 법·제도적 측면의 요인, 사업주 측면의 요인, 작업환경적 측면의 요인, 사회경제적 측면의 요인, 직업재활서비스 체계의 요인, 장애인 개인적 측면의 요인 등이 있으며, 이들의 요인들을 총망라하여 직업유지에 미치는 영향을 분석하는 것이 바람직할 것이다. 그러나 본 연구에서는 연구결과의 유용성을 고려하여 장애인 개인적 측면에서 직업유지와 관련된 개념적 기술, 사회적 기술, 직업적 기술, 사회적 지지 정도로 한정하였다. 이들 요인들은 사회복지 현장에서 사회복지사들의 필요한 개입을 통하여 변화시킬 수 있다고 생각되기 때문에 연구결과의 유용성이 높을 것이라고 생각된다. 그러나 위에서 제시한 것처럼 다른 요인이 정신지체인의 직업유지에 영향을 미칠 수 있는데 단지 장애인 측면의 요인만을 가지고 분석한 것은 본 연구의 한계로 지적될 수 있다. 따라서 이러한 한계점들을 극복하기 위한 후속과제로 법·제도적 요인, 사업주 요인, 작업환경적 요인, 사회경제적 요인, 직업재활서비스 체계 요인으로 구분하여 계속적인 후속연구가 수행될 필요가 있다.

셋째, 조사대상자의 직업유지 요인을 측정함에 있어서 조사대상 범위기간 인 2002년도에 대상자의 개념적 기술, 사회적 기술, 직업적 기술, 사회적 지지에 대한 요인들을 실증적으로 검증한 다음 조사시점인 현재에 재검증하여 결과를 도출하는 것이 종단연구로서의 유용성을 높일 수 있겠으나, 과거 2년 전의 직업유지 요인의 정도는 고려되지 않았다. 그러나 향후 후속연구에서는 현재의 결과를 반영하여 종단적 연구로서의 유용성을 높일 수 있을 것이다.

넷째, 조사대상자 중 이직경험자의 조사에서 이전의 이직한 직장에서의 작업지도원 유무, 임금, 사업체규모, 이직원인 등에 대한 조사가 불충분하여 연구결과에 반영되지 못하였다.

다섯째, 독립변수에 대한 설문응답 결과에서 집중경향치가 높게 나타난 문항은 사전에 예비조사 결과를 바탕으로 그 문항들을 제외하고, 본 조사를 실시하여야 하나 집중경향치가 높은 문항들이 전부 포함되면서 자료분석이 불충분할 수 있었다. 따라서 향후 후속과제에서는 집중경향치가 높은 문항은 조사도구에서 제외하는 것이 연구결과의 유용성을 높일 수 있을 것이다.

여섯째, 조사대상자에 대한 설문 평가자가 작업지도원, 작업반장, 장애인 직업재활 실시기관의 사회복지사 등 여럿으로 구성되어 있는 관계로 설문조사에 앞서 설문 평가자 간 관찰평가를 하여 신뢰도를 검정하고 확인하는 절차를 거쳤지만 평정자 간 설문결과에 대한 미미한 차이가 발생할 수 있을 것이다.

일곱째, 조사대상자의 직업유지 기간을 측정함에 있어서, 이직경험자의 경우에는 현재 재취업한 직장에서의 직업유지 기간만을 측정하였다. 이는 이직한 직장 중에서 개인의 능력부족에 의한 이직이 아닌 장기간 직업을 유지하였다가 사업체의 부도 및 폐업 등의 불가피한 상황에서 이직한 경우에는 직업유지 기간에 반영되지 못함으로서 연구결과를 왜곡시킬 수 있다.

여덟째, 본 연구에서는 조사대상자 중에서 미취자 집단은 제외하였다. 이는 연구의 목적이 취업성과 요인을 규명하는 것이 아니라 직업유지 요인을 규명하는 것이기 때문이다. 그러나 직업유지는 취업성과를 바탕으로 하기 때문에 취업성과 측면을 포함하는 것이 직업유지 요인의 규명을 보다 명확하게 할 것이다. 이 또한 후속연구로서 진행되어야 할 것으로 사료된다.

아홉째, 본 연구에서 사용한 조사척도는 일본에서 개발되어 국내에서는 본 연구자에 의해서 처음으로 소개되었기 때문에 척도에 대한 타당도나 신뢰도에 대한 정확한 검증이 이루어 지지 않았다. 따라서 후속연구에서는 척도에 대한 타당도에 대한 연구가 선행되어야 할 것이다.

참고문헌

1. 국내문헌

김상욱·유홍준. 2002. "직무만족과 이직의사의 행태학적 결정요인". 『한국 사회학』
　　　36(1): 51-81

김승아. 1994. 『장애인 직장적응과 대인관계에 관한 연구』. 경기: 한국 장애인고
　　　용촉진공단

김승아. 1995. 『근로장애인의 이직요인 분석과 대처방안』. 경기: 한국 장애인고용
　　　촉진공단

김영애·엄승연. 1997. 『정신지체인 직업적응프로그램 개발』. 경기: 한국 장애인고
　　　용촉진공단

김기원·김승아. 1995. "장애인 근로자 장기 근속요인에 관한 연구". 『한국사회복지
　　　학』 통권 27호: 9-50

김기원. 2001. 『사회복지조사론』. 서울: 나눔의 집

김삼섭. 1997. "장애인의 직업적 성공관련 요인에 관한 연구". 『특수교육논집』 제3
　　　권: 133-151

김정렬·이태수·권선진·권유경·조문순. 1999. 『실업장애우 실태 보고서』. 서울: 장
　　　애우권인연구소

김형일. 2002. "정신지체인의 직업관련 사회적 대인문제 해결능력과 훈련방법에 대
　　　한 이론적 고찰". 『특수교육연구』 제9권 제2호: 153-167

김형완. 2004. "지원고용이 기업주의 고용만족도에 영향을 미치는 요인에 관한 연
　　　구". 『한국직업재활학회』 제14권 1호: 1-40

한국 장애인고용촉진공단 국정감사 내부자료. 2003

강위영·나운환. 2001. 『직업재활개론』. 서울: 나눔의 집

강위영(역). 1994. 『중증장애인의 독립적인 생활을 위한 방법론』. 경기: 한국 장
　　　애인고용촉진공단

권병화. 1997. "정신지체인의 직업적응 실태". 단국대학교 특수교육학과 석사학위논문

노임대. 2003. "장애근로자의 직업성공에 영향을 미치는 요인 연구". 대구대학교
　　　재활과학과 박사학위논문

동아일보. 2004년 8월 30일 B3면 "근로자 임금 수준 및 추이"

박희찬. 1994. 『장애인직업』. 서울: 인간과 복지

박희찬·이상훈·최국환. 2001. 『직업재활 사업운영 총괄안내서』. 서울: 한국 장애
　　　인단체총연맹

박석돈. 1993. 『직업재활 상담평가서비스 체계』. 경기:한국 장애인고용촉진공단

백은영. 1994. "정신지체인 직업재활에 있어서 사후지도 개선에 관한 연구". 숭실
　　　대학교 사회복지학과 석사학위논문

박성순. 2002. "정신지체인의 취업현황에 따른 직업재활의 방향". 단국대학교 정책
　　　경영대학원 석사학위논문

박승희·신현기(역). 2003. 『정신지체 개념화 -AAMR 2002년 정신지체 정의,
　　　분류, 지원체계-』. 서울: 교육과학사

박소현. 2000. "정신지체인의 사회통합에 영향을 미치는 장애인 공동생활 가정 특
　　　성연구". 서울대학교 사회복지학과 석사학위논문

박윤영. 1997. "취업 정신지체인을 위한 일반사업체의 사후지도 현황 및 사후지도
　　　요구 조사". 이화여자대학교 사회복지학과 석사학위논문

보건복지부. 2003. 『장애판정지침』. 서울: 보건복지부

서덕희·이혜숙·전은희. 2003. 『통합학급 운영실태 분석연구』. 서울: 국립특수교
　　　육원

심경순. 2001. "정신분열병 환자의 직업유지에 영향을 미치는 요인에 관한 연구".
　　　대구대학교 사회복지학과 박사학위논문

손광훈. 2004. 『장애인복지론』. 서울: 현학사

양숙미. 2000. "정신지체 성인자녀의 부모를 위한 역량강화 집단프로그램 개발과
　　　효과". 서울대학교 사회복지학과 박사학위논문

이달엽. 2003. "지체장애근로자의 직업성공 요인에 관한 연구". 『한국사회복지학』
　　　통권 55: 131-154

이상춘·강위영·조인수. 1992. 『재활방법』. 서울: 성연사

엄승연. 1996. 『정신지체인의 고용안정을 위한 지원체계 연구』. 경기: 한국 장애
　　　인고용촉진공단

이청자. 1998. "정신지체인 직업교육 훈련의 문제점과 직업활성화 방안". 『장애인

고용』 여름호: 38-49

이금진. 2000. "정신장애인의 직업유지 기간에 영향을 미치는 요인에 관한 연구". 이화여자대학교 사회복지학과 석사학위논문

이성혜. 1998. "이직경험 지체장애인의 이직원인과 이직예방을 위한 사후관리 연구". 서울여자대학교 사회복지학과 석사학위논문

이은진. 1993. "장애인 직업재활이 직무만족에 미치는 영향에 관한 연구". 연세대학교 사회복지학과 석사학위논문

이성규·유숙렬·김상희·이성은·이세영. 2000. 『장애인의 직업생활 실태와 적합직종』. 서울: 장애인직업안정연구원

이성규. 2002. 『장애인 직업문제 대응을 위한 노동·교육·복지의 관계에 관한 연구』. 서울: 장애인직업안정연구원

이상춘·조인수. 1995. 『정신지체아의 직업재활 훈련과 지도』. 서울: 신아출판사

오혜경. 1999. 『장애인복지학 입문』. 서울: 아시아미디어리서치

유동철. 2000. "노동시장의 장애인 차별 영향 분석" 서울대학교 사회복지학과 박사학위논문

장숙. 1997. "정신지체인의 사회적응 훈련효과성에 관한 단일집단 사례연구". 이화여자대학교 사회복지학과 석사학위논문

조성열. 2000. 『장애특성과 직업안정』. 서울: 직업안정연구원

최희수. 1999. "정신분열병 환자의 직업재활 성과의 예측요인에 관한 연구". 서울여자대학교 사회복지학과 박사학위논문

최소연. 1987. "지체부자유자의 직무만족 요인에 관한 연구". 이화여자대학교 사회복지학과 석사학위논문

최종길. 1999. "정신지체인 지원고용에 영향을 미치는 요인에 관한 연구". 숭실대학교 사회복지학과 박사학위논문

한국보건사회연구원. 2001. 『2000년도 장애인 실태조사』 서울: 한국보건사회연구원

한국 장애인고용촉진공단. 2001. 『2000년 장애인 근로자 실태조사』. 경기: 한국 장애인고용촉진공단

한국 장애인고용촉진공단. 2004. 『2003 장애인 고용동향』. 경기: 한국 장애인고용촉진공단

한국 장애인고용촉진공단. 2000. 『장애인 고용관리 편람』. 경기: 한국 장애인고용촉진공단

한국 정신지체인 애호협회. 2003. 『정신지체인 장애예방과 종합정보집』. 서울: 한국 정신지체인 애호협회

허경아. 1999. "정신지체 장애인을 위한 직업재활에 관한 연구". 이화여자대학교 사회복지학과 석사학위논문

황령희. 2002. 『장애인 직업재활프로그램 및 서비스에 대한 욕구조사』. 경기: 고용개발원

인터넷. 노동부 노동통계정보시스템, 매월노동통계조사(http://laborstat. molab. go.kr)

인터넷. 통계청, 통계정보시스템, 고용·노동·임금(http://kosis. mola.go.kr)

2. 외국문헌

가. 영 문

Abelson, M. A. 1982. Examination of avoidable and unavoidabe turnover, Journal of Applied Psychology, Vol.72, No.3

Brickey, M. P., Browning, L. J., & Campbell, K. M. 1982. ocational histories of sheltered workshop employees placed in projects with industry and competitive jobs. Mental Retardation, 20, 52-57

Campbell, P., HeNSel, J. W., Hudson, P., Schwartz, S. E., & Sealander, K. 1987. The successfully employed worker with a handicap: Employee employer perception of job performance. Career Development for Exceptionals, 10, 85-93

Chaffing, j. 1969. Production rate as a variable in the job success or failure of educable mentally retarded adolescents. Exceptional Children, 35, 533-538

Chamberlain, M. A. 1988. Employer's rankings of factors judged critical to job success for individuals with severe disabilities. Career Development for Exceptional Individuals, 11, 141-147

Charles L. salzberg Benjamin Lignugaris / Kraft, and Glen L. McCuller. 1988. "Reasons for job Loss: A Review of Employment Termination Studies of Mentally Retarded Workers", Research in Developmental Disabilities. Vol.9. pp. 153-170

Darrell J. Mahoney. 1976. "Factors Affecting The Success Of The Mentally Retarded In Employment", Astralian Journal OF Mental Retardation, 4: 38-51

Ford, L., Dineen, J., & Hall, J. 1984. Is there life after placement? Education and Training of the Mentally Retarded, 19, 291-296.

Greenspan, S., & Shoultz, B. 1981. Why mentally retarded adults lose their jobs: Social competence as a factor in work adjustment. Applied Research in Mental Retardation, 2, 23-38

Hanley-Maxwell, C., Frank, R. R., Chadsey-Rusch, J., & Renzaglia, A. 1986. Reported Factors Contributing to Job Terminations of Individuals with Severe Disabilities, Journal of the Association for Persons with Severe Handicaps(JASH), Vol.10, No.1, pp.3-11.

Hanley-Maxwell, C., Rusch, F. R., Chadsey-Rusch, J., & Renzaglia, A. 1986. Reported factors contributing to job terminations of individuals with severe disabilities. The Journal of the Association for Persons with Severe handicaps, 11, 45-52

Hill, J. W., Wehman, P., Hill, M., & Goodall, P. 1986. Differential reasons for job separation of previously employed persons with mental retardation. Mental Retardation, 24, 347-351.

James A. Hall, Laurie H. Ford, James W. Moss, John P. Deneen. 1986. Practice with Mentally Retarded Adults as an Adjunct to Vocational Training

J. Kregel. 1990. "Supported Employment in Virginia," in F. R. Rusch, (ed.), Supported Employment (Sycamore, IL: Sycamore Publishing Co.,), 19-20

Kats-Garris, L, McCue, M, Garris, R.P.&Herring, J. 1983. Psychiatric Rehabilitation: an outcome study, Rehabilitation CouNSeling Bulletin, Vol.27

Klein, K.J., & D'Aunno, T. A. 1986. Psychological seNSe of community in the workplace. Journal of Community Psychology, 16, 175-187

Kochany, L., & Keller, J. 1981. An analysis and evaluation of the failures of severely disabled individuals in competitive employment. In P. Wehman (Ed.), Competitive employment: New horizons for severely disabled individuals(pp. 181-198). Baltimore: Paul Brookes.

Lagomarcino, T. R. 1990. Job separation issues in supported employment. In F. R. Rusch(ED), Supported employment: Models, methods, and issues(pp. 301-316). Sycamore, IL: Sycamore Publishing Co.

Lawrence C. Hartlage. 1974. Factors Affecting Employer Receptivity Toward The Mentally Retarded, Vocational Rehabilitation of the Mentally Retarded(pp. 439-444), Spring field Ili Thomas

M.S.Moon et al. Helping PersoNS with Severe Mental Retardation Get and Keep Employnent; 백은희(역). 1995. 『정신지체인의 직업준비와 안정을 위한 지원』. 한국 장애인고용촉진공단

Mobley,W.H. 1982. Some unaNSwered question in turnover and withdrawel research, AMR, Vol, No.1.

Martin,T.N., Griffeth, R. W., Hand, H. H., & Meglino, B. M. 1970. Review and conceptual analysis of the employee turnover process. Psychological Bulletim, 86

Martin, J. E., Rusch, F. R., Lagomarcino, T., & Chadsey-Rusch, J. 1986. Comparison between workers who are nonhandicapped and mentally retarded: Why they lose their jobs. Applied Research in Mental Retardation, 7, 467-474.

Michael S. Shafer, Janer Hill, John Seyfarth and Paul Wehman. 1987. Competitive Employment and Workers With Mental Retardation: Analysis of Employers' Perceptions and Experiences, American Journal of Mental Retardation. Vol.92. No.3, 304-311

Peterson, R. and Jones, E. M. 1984. Guide to Jobs for the Mentally Retarded. American Institute for Research, Pittsburg.

Salzverg, C. L., Agran, M., & Lignugaris/Kraft, B. 1986a. Behaviors that contribute to entry-level employment: A profile of five jobs. Applied Research in Mental Retardation, 7, 299-314.

Susan Brody Hasazi, Lawrence R. Gordon, Cheryl Ann Roe, Factors Associated with the Employment Status of handicapped Youth Exiting High School from 1979 to 1983, The Council for Exceptional Children, Vol.51. No.6, 455-469. 1985

Wehman, P., Sale, P., & Parent, W. S. 1992. Supported Employment: Strategies for Integration of Workers with Disabilities Butterworth-Heinemann, a division of Reed Publishing(USA) Inc.

Warren, F.G. 1960-1961. Ratings of Employed and Unemployed Mentally Handicapped Males on Personality and Work Factors American Journal of Mental Deficiency, 65: 629

Zur Shapira. 1985. "Mentally Retarded Workers' Reactions to Their Jobs", American Journal of Mental Deficiency, Vol.90 No.2. 160-166

나. 일 문

日本障害者雇用促進協會. 2001. 『障害者雇用ガイドブック』. 東京: 日本障害者雇用促進協會

日本障害者雇用促進協會. 2003. 『障害者雇用ガイドブック』. c

障害者職業總合センタ-. 2002. 『職業領域擴大事業マニュアル』. 東京: 日本障害者雇用促進協會

武居 光. 1997. 『障害者雇用管理 マニュアル』. 東京: 障害者雇用システム研究會

厚生勞動性. 2003. 『身體・知的障害人就業實態調查』. 東京: 厚生勞動性

木下犧德. 1981. "情神薄弱者の職場適應をめぐって". 『職研調査研究報告書』 NO.16.

東京: 體障碍者雇用促進協會

三澤義一. 1984. "情神薄弱者の職場適應とその改善・向上 I". 『體障碍者雇用促進
　　協會研究調査報告書』No.3 通刊第86号. 東京: 體障碍者雇用促進協會

三澤義一. 1985. "情神薄弱者の職場適應とその改善・向上 II". 『體障碍者雇用促進
　　協會研究調査報告書』No.3 通刊第92号. 東京: 體障碍者雇用促進協會

高橋 昭. 1987. "情神薄弱者の職業準備に關する調査研究". 『體障碍者雇用促進協會
　　研究調査報告書』No.9, 通刊第105号. 東京: 體障碍者雇用促進協會

松林弘助. 1980. "情神薄弱者の就業實態". 『體障碍者雇用促進協會研究調査報告書』
　　No.15 通刊第26号. 東京: 體障碍者雇用促進協會

松林弘助. 1979. "情神薄弱者の職域擴大と雇用促進". 『體障碍者雇用促進協會研究
　　調査報告書』No.8 通刊第35号. 東京: 體障碍者雇用促進協會

全日本精神薄弱者育成會. 1980. "情神薄弱者の職場適應に關する諸要因". 『體障碍
　　者雇用促進協會研究調査報告書』No.4 通刊第50号. 東京: 全日本精神薄弱
　　者育成會

井上英二. 1981. "情神薄弱者の就業條件と課題". 『體障碍者雇用促進協會研究調査
　　報告書』No.6 通刊第71号. 東京: 體障碍者雇用促進協會

向後礼子・望月葉子. 1999. "知的障害者の就勞の現實と繼續に關する指導の課題".
　　『日本障害者雇用促進協會調査研究報告書』No.34. 東京: 日本障害者雇用
　　促進協會

松爲信雄・菊池惠美子. 2001. 『職業再活入門』. 東京: 協同醫書出版社

安井秀作. 1989. 『職業リハビリテーションの概念』. 東京: 太陽社

原井利夫. 1989. 『精神薄弱者の福祉』. 東京: 日本文化科學社

關 雄之. 1997. 『障害のある人の雇用促進と就勞の安定をはかるために』. 東京: 中
　　央法規

大阪府勞動部職業對策課. 1996. 『知的障害者を雇用している企業における支援, 指
　　導の事例調査』. 大阪: 大阪府勞動部職業對策課

北拓淸司. 2000. 『知的發達障害 Q&A』. 東京: 中央法規.

小川 浩 ほか. 2000. 『ジョブコーチ 實踐マニュアル』. 東京: 同井書房

手塚直樹・青山和子. 2001. 『知的障害兒・者の生活と援助』. 東京: 一橋出版

道脇正夫. 1997. 『障害者の職業能力開發 理論編』. 東京: 雇傭問題研究所

大泉博. 1989. 『障害者福祉實踐論』. 東京: ミネルバ書房

定藤丈弘. 1993.『自立生活の思想と展望』. 東京: ミネルバ書房
後藤憲夫. 2000. "知的障害者の安全意識の養成に關する研究".『日本障害者雇用促進協會 調査研究報告書』No.36. 東京: 日本障害者雇用促進協會
後藤憲夫. 2001. "知的障害者の學校から職業への移行課題に關する研究".『日本障害者雇用促進協會 調査研究報告書』No.42. 東京: 日本障害者雇用促進協會
後藤憲夫. 2001. "知的障害者の加齢に伴う雇用・職業上の課題と對策".『日本障害者雇用促進協會 調査研究報告書』No.44. 東京: 日本障害者雇用促進協會
後藤憲夫. 2001. "知的障害者の職務遂行能力の加齢變化に關する研究".『日本障害者雇用促進協會 調査研究報告書』No.43. 東京: 日本障害者雇用促進協會
村永典生. 1999. "知的障害者の就勞援助".『職リハ調査研究資料』第23. 東京: 國立職業リハビリテーションセンター
村永典生. 2000. "知的障害者の特性に應じた職業能力開發に關する研究(Ⅲ)".『職リハ調査研究資料』第48. 東京: 國立職業リハビリテーションセンター
佐木添造. 2002. "知的障害者の就勞の實現のための指導課題に關する研究".『日本障害者雇用促進協會 調査研究報告書』No.50. 東京: 日本障害者雇用促進協會
佐木添造. 2002. "知的障害者の就勞と生活を支える地域支援ネットワークの構築に向けて".『日本障害者雇用促進協會 調査研究報告書』No.53. 東京: 日本障害者雇用促進協會
飯田雅子. 1999. "知的障害者の介護業務職域の擴大に關する研究調査".『日本障害者雇用促進協會 研究調査報告書』H11-5 通間237. 東京: 日本障害者雇用促進協會
兒島美都子. 1992.『障害者雇用制度の確立をめざして』. 東京: 法律文化社
武田幸治・手塚直樹. 1995.『知的障害者の就勞と社會參加』. 東京: 光生館
全授協・授産施設協. 1995.『新. 授産施設職員 ハンドブグ』. 東京: 全授協. 授産施設協編纂委員會
春山廣輝. 1993.『制度の活用 '93"』. 東京: 全日本精神薄弱者育成會
總理府. 2004.『障害者白書』. 東京: 大藏省 印刷局
厚生省社會局生活課. 1995.『授産施設 關係法令通知集』. 東京: 中央法規出版
若林之. 1995.『障害者雇用對策の新展開』. 東京: 勞務行政研究所
嵩刈部. 2004. "일본의 장애인 고용을 위한 조치와 JEED의 주요 활동". 2004 KEPAD 국제 심포지움 자료집 pp. 33-50

설문지

I. 일반적인 사항 (1)

❶ 대상자의 성별? ①남 ②여 (※성명:)

❷ 대상자의 연령? 만 _____세

❸ 대상자의 학력? ①일반학교 초등 ②일반학교 중등 ③일반학교 고등 ④특수학교
　　　　　　초등 ⑤특수학교 중등 ⑥특수학교 고등 ⑦특수 전공과

❹ 대상자의 장애등급? ①1급 ②2급 ③3급 ④중복장애(   )

❺ 대상자의 주거형태? ①가족과 동거 ②독거 ③시설 및 그룹홈 ④기숙사

❻ 대상자(*미취업자는 최근의 직장*)가 귀 사에 입사하게 된 경로? ①한국 장애인
고용촉진공단 ②장애인복지관 ③특수학교 ④장애인협회 및 단체 ⑤기타(   )

❼ 대상자(*미취업자는 최근의 직장*)가 귀사에 입사하기 전에 받은 직업재활프로그
램 유형은? ①공단 및 복지관의 지원고용 ②공단 및 복지관의 직업 전 준비훈련
③공단 및 복지관의 상담 및 평가 ④특수학교 전공과 직업훈련 ⑤공공직업훈련
(직업전문학교 / 산업인력학교 등)

❽ 대상자(*미취업자는 최근의 직장*)의 입사년월일은? _____년 _____월

　　(※사업체명:)

Ⅱ. 다음은 '언어(수용과 표현언어)', '수개념과 언어학습', '시간개념과 이해'에
대한 질문입니다. 각 문항을 읽고 대상자의 능력과 가장 가까운 곳에 ∨표
를 해주시기 바랍니다 .

□ 언어(수용과 표현언어) (10문항)

항 목	매우 아니다	아니다	보통	그렇다	매우 그렇다
1.상대방과 말을 할 때 시선(눈 마침)을 맞추면서 한다.					
2.자신의 감정을 표정, 음성, 몸동작으로 표현이 가능 하다.					
3.상대방의 표정, 음성, 몸동작을 보고 상대의 감정을 읽을 수 있다.					
4.질문을 받으면 들은 것, 본 것을 동료나 상사에게 말을 할 수 있다.					
5.작업이 끝나면 보고가 가능하다.					
6.작업에 관한 간단한 내용은 상사나 동료에게 전달할 수 있다					
7.전화응대가 가능하고 전화를 사용할 수 있다.					
8.작업내용을 모르면 질문한다.					
9.상사의 지시나 설명을 잘 듣고 이해한다.					
10.겸손어, 존경어 등을 잘 구별하여 사용한다.					

□ 수개념과 언어학습 능력 (12문항)

항 목	매우 아니다	아니다	보통	그렇다	매우 그렇다
1.간단한 숫자를 셀 수 있다.					
2.간단한 숫자를 읽고 쓸 수 있다.					
3.초보적인 사칙연산이 가능하다.					
4.물건의 길이나 양을 측정할 수 있다.					
5.계산기를 사용하여 간단한 계산을 할 수 있다					
6.간단한 단어를 읽을 수 있다.					
7.간단한 단어를 쓸 수 있다.					
8.간단한 문장을 읽을 수 있다					
9.간단한 문장을 쓸 수 있다					
10.게시판, 간판, 표식 등의 의미를 안다					
11.보고들은 내용을 순서대로 적을 수 있다.					
12.간단한 메모가 가능하다.					

□ 시간개념과 이해 능력 (9문항)

항 목	매우 아니다	아니다	보통	그렇다	매우 그렇다
1.출근일과 휴일을 구분한다.					
2.시계를 보면서 시각을 읽을 수 있다.					
3.오늘의 날짜와 요일을 안다.					
4.일과표나 스케줄을 볼 수 있다.					
5.시계나 달력을 활용하여 스케줄을 짤 수 있다.					
6.교통시간을 읽고 이해한다.					
7.일과표에 따라 일을 할 수 있다.					
8.시간에 따라 규칙 바르게 생활을 한다.					
9.경제적, 시간적으로 계획을 세워서 생활할 필 요가 있음을 안다.					

<u>**Ⅲ.** 다음은 '일상생활', '안전', '이동', '금전관리"에 대한 질문입니다. 각 문항을 읽고 대상자의 능력과 가장 가까운 곳에 ∨표를 해주시기 바랍니다.</u>

□ 일상생활 능력(10문항)

항　　　목	매우 아니다	아니다	보통	그렇다	매우 그렇다
1.정기적으로 목욕을 하여 몸의 청결을 유지한다.					
2.하루에 한번 이상 양치질을 한다.					
3.정기적으로 손톱, 발톱을 정리한다.					
4.머리를 감고 손질을 한다.					
5.적절한 식탁예절로 수저와 그릇들을 사용한다.					
6.과식하거나 너무 적게 먹지 않는다.					
7.다른 사람의 도움 없이 처방대로 정확하게 약을 복용한다.					
8.감기, 배탈 같은 경미한 증상은 스스로 해결한다.					
9.최소한의 위급상황에서 자신 그리고 다른 사람에게 응급처치를 실시한다.					
10.지정된 장소에 청소도구와 다른 물건들을 정리한다.					

□ 안전에 관한 능력 (5문항)

항　　　목	매우 아니다	아니다	보통	그렇다	매우 그렇다
1.위험한 물건이나 위험한 것을 안다.					
2.위험한 것을 나타내는 말이나 표식을 안다.					
3.위험한 것을 나타내는 말이나 표식을 알고 지시에 따를 수 있다.					
4.위험한 상황을 안다.					
5.위험한 상황에 대처한다.					

□ 이동능력 (7문항)

항 목	매우 아니다	아니다	보통	그렇다	매우 그렇다
1.직장이나 집 가까이에 지하철역이나 버스정거장, 파출소 등이 있는 것을 안다.					
2.직장까지 대중교통을 이용하여 갈 수 있다.					
3.직장 내에서 혼자서 자유롭게 목적 장소까지 갈수 있다.					
4.지하철역이나 버스정거장까지 혼자서 갈수 있다.					
5.지하철이나 버스표를 혼자서 구입할 수 있다.					
6.목적지를 아는 경우에는 혼자서 대중교통을 이용하여 갈수 있다.					
7.목적지를 모르는 경우에도 대중교통을 이용하여 갈수 있다.					

□ 금전관리 (9문항)

항 목	매우 아니다	아니다	보통	그렇다	매우 그렇다
1.간단한 금전지출을 기록할 수 있다.					
2.자동판매기를 이용할 수 있다.					
3.일용품의 가격을 대충 알 수 있다.					
4.가게에 가서 일용품을 구입할 수 있다.					
5.근로를 통해 보수를 얻을 수 있음을 안다.					
6.가계의 수입·지출상황을 알고 필요비목을 안다.					
7.예산을 세워서 계획적으로 물건을 구입한다.					
8.계획적으로 예금·적금을 한다.					
9.수입에 맞추어 돈을 관리한다.					

Ⅳ. 다음은 '직업생활 태도', '작업도구 수행능력', '작업동료와의 협조성', '직업적 행동특성'에 대한 질문입니다. 각 문항을 읽고 대상자의 능력과 가장 가까운 곳에 ∨표를 해주시기 바랍니다. (미취업자는 최근의 직장생활에서의 능력)

□ 직업생활 태도(18문항)

항 목	매우 아니다	아니다	보통	그렇다	매우 그렇다
1.자기의 것과 타인의 것을 구별한다.					
2.회사의 비품이나 도구 등을 사용하면 반드시 자리에 올려놓는다.					
3.순번이나 교대의 의미를 안다.					
4.작업장 주변의 정리 정돈을 잘한다.					
5.회사규칙이나 약속을 잘 지킨다.					
6.출퇴근 시간을 잘 준수한다.					
7.자기생각과 달라도 작업지시에 잘 따른다.					
8.주의 받은 사안에 대해서는 잘 받아들인다.					
9.거짓말을 하거나 변명을 잘 하지 않는다.					
10.스스로 생각하면서 창의적으로 일한다.					
11.작업에 적극적으로 임한다.					
12.요령을 피우지 않고 열심히 일한다.					
13.게으름피우거나 일을 대충대충 하지 않는다.					
14.자기에게 분담된 일은 책임을 가지고 끝까지 해낸다.					
15.인내심 있게 포기하지 않고 일한다.					
16.맘에 들지 않는 일도 잘 참아낸다.					
17.반복작업에 잘 적응한다.					
18.장난치거나 산만하지 않게 일을 한다.					

□ 작업도구 수행능력 (6문항)

항 목	매우 아니다	아니다	보통	그렇다	매우 그렇다
1.작업내용이 변경된 경우, 새로운 작업내용과 작업순서를 단시간에 익힌다.					
2.작업시작 전에 도구나 기계, 재료들을 준비하고 작업이 끝나면 잘 정리한다.					
3.도구나 기계를 바르게 잘 사용한다.					
4.도구, 기계, 재료를 잘 관리하고 손질을 잘한다.					
5.도구나 기계, 재료를 소중하게 여긴다.					
6.도구나 기계, 재료를 주의하여 운반한다.					

□ 작업동료와의 협조성 (9문항)

항 목	매우 아니다	아니다	보통	그렇다	매우 그렇다
1.출퇴근 시에 동료들에게 인사를 잘 한다.					
2.작업동료들에게 미안합니다, 고맙습니다 등을 구분하여 사용한다.					
3.작업동료가 도움을 요청하면 협력한다.					
4.작업동료에게 도움을 요청할 수 있다.					
5.작업장의 분위기를 파악할 수 있다.					
6.혼자서 맘대로 행동하지 않는다.					
7.다른 사람에게 피해를 입히면 사과한다.					
8.다른 사람의 실수나 과오를 받아들인다.					
9.다른 사람으로부터 도움을 받으면 감사하다는 표현을 한다.					

□ 직업적 행동특성 (6문항)

항　　　목	매우 그렇다	그렇다	보통	아니다	매우 아니다
1.작업 중 정서가 불안하다					
2.작업 중 괴성을 지르거나 기괴한 소리를 낸다.					
3.작업 중 난폭한 행동을 한다.					
4.작업 중 반항적인 태도를 취한다.					
5.작업 중 불만이 많다.					
6.감정조절이 어렵다					

V. '가족의 지지', '전문가의 지지',에 대한 질문입니다. 각 문항을 읽고 대상자
와 가장 가까운 곳에 ∨표를 해주시기 바랍니다.

□ 가족의지지 (8문항)

항　　　목	매우 아니다	아니다	보통	그렇다	매우 그렇다
1.나의 가족(보호자)들은 내가 어려운 상황에 처했을 때 내가 그 상황을 잘 극복할 수 있도록 도움을 준다.					
2.나의 가족(보호자)들은 내가 모르는 일들에 관한 내가 잘 알 수 있도록 설명해준다.					
3.자의 가족(보호자)들은 내가 직장생활을 잘 할 수 있도록 격려를 잘 해준다.					
4.나의 가족(보호자)들은 내가 기분이 좋지 않을 때 나의 기분을 이해해주고 기분을 전환시켜주려고 노력한다.					
5.나의 가족(보호자)들은 내가 바람직한 행동을 했을 때에는 칭찬을 해주는 편이다.					
6.나의 가족(보호자)들은 함께 있을 때 친밀감을 느끼게 해준다.					
7.나의 가족(보호자)들은 내가 하고 있는 일에 자부심을 가질 수 있도록 나의 일을 인정해준다.					
8.나의 가족(보호자)들은 내가 그들에게 필요하고 가치 있는 존재라고 느끼게 해준다.					

□ 전문가(직업재활 실시기관의 사회복지사) (8문항)

항　　　목	매우 아니다	아니다	보통	그렇다	매우 그렇다
1.내가 만나는 전문가들은 믿고 의지할 수 있는 분들이다.					
2.내가 만나는 전문가들은 항상 나의 일에 관심을 갖고 염려해주신다.					
3.내가 만나는 전문가들은 내가 어려운 상황에 처했을 때 내가 그 상황을 잘 극복할 수 있도록 도움을 준다.					
4.내가 만나는 전문가들은 내가 모르는 일들에 관해 내가 잘 알 수 있도록 설명해준다.					
5.내가 만나는 전문가들은 나에게 문제가 생겼을 때 나를 위해 시간을 내주고 함께 상의해준다.					
7.내가 만나는 전문가들은 내가 바람직한 행동을 했을 때에는 아끼지 않고 칭찬을 해준다.					
8.내가 만나는 전문가들은 내가 하고 있는 일에 자신감을 가질 수 있도록 나의 일을 인정해준다.					

III. 일반적인 사항 (2)

9. 과거(2002년 1월 1일~현재까지) 2년 전부터 현재까지 취업된 모든 직장과
    기간은?

사업체명	기 간	퇴사사유 († 아래번호기입))
❶	년 월~년 월 (총 년 개월)	
❷	년 월~년 월 (총 년 개월)	
❸	년 월~년 월 (총 년 개월)	
❹	년 월~년 월 (총 년 개월)	
❺	년 월~년 월 (총 년 개월)	
❻	년 월~년 월 (총 년 개월)	

† ①직장 내 대인관계 ②낮은 임금 ③일이 적성에 맞지 않음 ④일에 대한 능력부족
    ⑤신체나 건강의 문제 ⑥복리후생 및 편의시설 미비 ⑦출퇴근 불편 ⑧이사

---

10. 대상자가 맡고 있는 직종과 직무는? 예) 생산직 가죽절단

11. 대상자의 월평균임금은? ①50-59 ②60-69 ③70-79 ④80-89 ⑤90-99 ⑥100-119 ⑦
     120-149 ⑧150 이상

12. 대상자의 1일 근로시간은? ①4시간 이하 ②4-7시간 ③8시간 ④8시간 이상

13. 귀사에 작업지도원이 있는지? ①예 ②아니오

14. 귀사의 전체 종업원 수는? 전체 ____명(장애인 수 __명)

15. 복리후생시설(있는 곳에 전부 체크하기)
     ①기숙사 ②환풍기 ③식당 ④휴게실 ⑤통근버스 ⑥상여금 및 퇴직금 ⑦간식

16. 귀사의 회사설립일? ____년 ____월

17. 귀사의 주력 업종? __________

18. 귀사의 4대보험 여부? ①국민연금 ②건강보험 ③산재보험 ④고용보험

저자약력

이채식

학 력
- 대구대학교 사회복지학 학사
- (일본) 同志社대학교 사회복지학 석사
- 경기대학교 사회복지학 박사

경 력
- 1993~1994 일본 장애인 복지시설 케어복지사
- 1994~2001 한국 장애인고용촉진공단 사회복지사
- 2001~2003 우송정보대학 사회복지과 교수
- 2004~현재 우송공업대학 사회복지아동과 조교수 재직

〈연구실적〉
-주요 논문
「정신지체인의 직업유지에 영향을 미치는 요인에 관한 연구」(박사학위 논문)
「일본 장애아동의 인터그레이션에 관한 현상과 과제」(석사학위논문)
「일본의 장애인 자립생활 패러다임의 실천동향과 향후 한국의 과제」(2002)
「청지지역 노인취업의 현황과 활성화 방안」(2002)
「정신장애인의 고용활성화를 위한 지원고용의 실증적 사례연구」(2003)
「Influence of Demographic Characteristics of People with Mental Retardation and Characteristics of Work Place Environment on Their Job Tenure」(2004)
「정신지체인의 적응행동 요인이 직업유지 기간과 이직경험 횟수에 미치는 영향」

(2005)

「정신장애인의 지역사회 내에서의 경제적 자립을 위한 직업성공 요인에 관한
연구」(2005)

－주요 저서
『가족복지론』(공저 / 2002)
『복지길라잡이』(공저 / 2003)
『케어복지실천기술론』(공저 / 2004)
『사회복지개론』(공저 / 2004)
『케어복지개론』(공저 / 2005)

정신지체인 직업유지의 영향요인

• 초판 인쇄	2006년 9월 30일
• 초판 발행	2006년 9월 30일
• 지 은 이	이채식
• 펴 낸 이	채종준
• 펴 낸 곳	한국학술정보㈜
	경기도 파주시 교하읍 문발리 526-2
	파주출판문화정보산업단지
	전화 031) 908-3181(대표) · 팩스 031) 908-3189
	홈페이지 http://www.kstudy.com
	e-mail(출판사업팀사업부) publish@kstudy.com
• 등 록	제일산-115호(2000. 6. 19)
• 가 격	22,000원
• ISBN	89-534-5706-8 93330 (Paper Book)
	89-534-5707-6 98330 (e-Book)